河北省普通国省干线公路沥青路面养护工程设计文件编制技术及图表示例

河北锐驰交通工程咨询有限公司　编著

人民交通出版社股份有限公司
China Communications Press Co.,Ltd.

内 容 提 要

本书以河北锐驰交通工程咨询有限公司十余年来从事高速公路养护设计实践工作的成果为基础,进行总结和归纳,汇聚了河北省交通运输厅公路管理局、河北省高速公路管理局等行业管理者、河北交通投资集团公司和多家河北高速公路管理单位的业内专家以及河北省交通规划设计院等设计工作者的智慧。

本书可作为普通国省干线公路沥青路面养护工程咨询和设计人员的参考资料,适用于普通国省干线公路沥青路面养护工程施工图设计。

图书在版编目(CIP)数据

河北省普通国省干线公路沥青路面养护工程设计文件编制技术及图表示例 / 河北锐驰交通工程咨询有限公司编著. —北京:人民交通出版社有限公司,2019.11
ISBN 978-7-114-16024-0

Ⅰ.①河… Ⅱ.①河… Ⅲ.①沥青路面—公路养护—设计文件—编制—河北—指南 Ⅳ.①U418.6-62

中国版本图书馆 CIP 数据核字(2019)第 246626 号

书　　名:河北省普通国省干线公路沥青路面养护工程设计文件编制技术及图表示例
著 作 者:河北锐驰交通工程咨询有限公司
责任编辑:袁　方　任雪莲
责任校对:孙国靖　扈　婕
责任印制:张　凯
出版发行:人民交通出版社股份有限公司
地　　址:(100011)北京市朝阳区安定门外外馆斜街3号
网　　址:http://www.ccpress.com.cn
销售电话:(010)59757973
总 经 销:人民交通出版社股份有限公司发行部
经　　销:各地新华书店
印　　刷:北京鑫正大印刷有限公司
开　　本:880×1230　1/16
印　　张:7.75
字　　数:172千
版　　次:2019年11月　第1版
印　　次:2019年11月　第1次印刷
书　　号:ISBN 978-7-114-16024-0
定　　价:65.00元

(有印刷、装订质量问题的图书由本公司负责调换)

前　言

随着《公路沥青路面养护设计规范》(JTG 5421—2018)及《公路技术状况评定标准》(JTG 5210—2018)颁布实施,为促进河北省普通干线公路沥青路面养护工程设计标准化、规范化,提高效率,遵照现行规范要求,结合工程经验,以河北省普通国省干线公路沥青路面养护工程设计为主要内容编写了本书,进一步规范设计文件的编制内容和深度,便于项目的审批、管理和实施。为配合河北省交通运输厅公路管理局冀交公路[2019]180号文件落实,河北锐驰交通工程咨询有限公司编辑整理了《河北省普通国省干线公路沥青路面养护工程施工图设计文件编制技术要求及示例(试行)》并在河北省范围内试用。以此为基础,依据现行规范和标准,结合既往河北省公路沥青路面养护工程的一些成功做法,通过系统研究和分析,对设计文件进行规范和提升,充分考虑交通组织、施工组织及机械设备特性和养护材料、工艺等因素,对设计文件的组成、设计内容和深度进行了明确,同时以实际工程为例编制了图表示例作为参考。

本书以河北锐驰交通工程咨询有限公司十余年来从事公路养护设计实践工作的成果为基础,进行总结和归纳,汇聚了河北省交通运输厅公路管理局和河北省高速公路管理局等行业管理者,河北交通投资集团公司和多家河北高速公路管理单位等业内专家以及河北省交通规划设计院等设计工作者的智慧。本书可作为普通国省干线公路沥青路面养护工程咨询和设计人员的参考用书,用于普通国省干线公路沥青路面养护工程施工图设计。公路养护设计人员应依据相关规范,充分结合地方成熟经验和技术参考使用。

本书由王子鹏、郑彦军、刘彦涛主持编著,由河北锐驰交通工程咨询有限公司和王子鹏公路养护技术创新工作室的全体人员共同完成,使用了"高速公路沥青路面技术状况评价及养护勘测设计成套技术"(编号2013-1-3)课题研究成果,并重点参考了《河北省高速公路养护专项工程设计文件编制技术及图表示例》和《河北省高速公路沥青路面养护工程设计通用图册》。本书与这两本书共同构成系列参考用书。

主要完成人:王子鹏、郑彦军、刘彦涛、许楠、贾梓、崔晓娜、高博、李薇、张少飞、孙芳、李莉、孙倩、高金虎、赵建红、张艳梅、王喜刚、王海兰、杨怀庆、张宏凯、刘寸平、霍文棠、刘丽、王国昀、李明哲、高进帅、赵清杰、潘菲、何永成、李昀阳、张玺、李阳阳、刘阳、陈延智、吕玉阁、丁梓航等。

在本书成稿过程中,得到了李强研究员、张秀山正高级工程师、刘慧君正高级工程师、朱建民正高级工程师、金凤温正高级工程师等专家的诸多指导及帮助,在此深表致谢!

因时间仓促,疏漏及错误之处在所难免,恳请广大使用者批评指正!

联系地址:河北省石家庄市平安南大街30号万隆大厦4-6楼。

邮编:050021

电话:0311-86089559

E-mail:Hebreach@vip.163.com

网址:www.hebreach.com

编 者

2019年7月

目　录

1 概述 ··· 1
   1.1 适用范围 ··· 1
   1.2 目的与要求 ··· 1
2 编制依据 ··· 1
3 组成与内容 ·· 1
   3.1 第一篇　总说明 ··· 1
   3.2 第二篇　总体设计 ·· 2
   3.3 第三篇　路基路面及排水 ·· 3
   3.4 第四篇　交通工程及沿线设施 ·· 5
   3.5 第五篇　筑路材料 ·· 6
   3.6 第六篇　施工组织计划 ·· 7
   3.7 第七篇　交通组织设计 ·· 7
   3.8 第八篇　预算 ·· 7
4 设计成果的提交要求 ·· 8
5 河北省普通国省干线公路沥青路面养护工程设计文件图表示例 ··· 8
   第一篇　总说明 ·· 13
   第二篇　总体设计 ··· 18
   第三篇　路基路面及排水 ··· 29

第四篇　交通工程及沿线设施 …………………………………………………………………… 70

第五篇　筑路材料 …………………………………………………………………………………… 87

第六篇　施工组织计划 ……………………………………………………………………………… 93

第七篇　交通组织设计 ……………………………………………………………………………… 98

第八篇　预算 ………………………………………………………………………………………… 104

参考文献 …………………………………………………………………………………………… 116

1 概述

1.1 适用范围

为规范河北省普通国省干线公路沥青路面养护工程设计，依据现行标准、规范，结合河北省普通国省干线公路沥青路面养护工程特点，编制了《河北省普通国省干线公路沥青路面养护工程设计文件编制技术及图表示例》，适用于河北省普通国省干线公路沥青路面养护工程设计，不适用于公路新、改扩建项目，等外公路及其他公路可参考使用。具体项目设计文件编制根据养护工程实际情况合理组织篇章、适当增减有关内容，图表示例中图表编号根据项目实际情况可自行调整。

1.2 目的与要求

河北省普通国省干线公路沥青路面养护工程设计一般根据方案设计批复意见及测设合同的要求，依据相关规范完成设计。

设计文件的编制，应贯彻国家和河北省有关方针政策，按照基本建设程序和有关标准、规范、规程，精心设计，做到客观、准确。河北省普通国省干线公路沥青路面养护工程设计文件的编制，应由具有相应资质、资格的设计单位完成，并对设计质量负责。

2 编制依据

《公路工程技术标准》(JTG B01—2014)

《公路沥青路面设计规范》(JTG D50—2017)
《公路沥青路面施工技术规范》(JTG F40—2004)
《公路养护技术规范》(JTG H10—2009)
《公路沥青路面养护设计规范》(JTJ 5421—2018)
《公路沥青路面养护技术规范》(JTJ 073.2—2001)
《公路技术状况评定标准》(JTG 5210—2018)
《公路养护安全作业规程》(JTG H30—2015)
《公路工程基本建设项目设计文件编制办法》(交公路发〔2007〕358 号)
《公路工程建设项目概算预算编制办法》(JTG 3830—2018)
《公路工程预算定额(上、下册)》(JTG/T 3832—2018)
《河北省普通公路养护工程预算编制办法》
《河北省普通公路养护工程预算定额》

3 组成与内容

普通国省干线公路沥青路面养护工程设计文件由八篇组成：第一篇总说明、第二篇总体设计、第三篇路基路面及排水、第四篇交通工程及沿线设施、第五篇筑路材料、第六篇施工组织计划、第七篇交通组织设计、第八篇预算。

3.1 第一篇 总说明

1) 地理位置示意图

在市级行政区划范围内示出项目所在路线在省级公路网络图中的位置及附近主要城镇等的概略位置。

2)养护路段位置示意图

示出各养护路段在路线中的位置及养护路段经过所有村镇等的位置及起讫桩号等。

3)说明书

(1)工程概述。简要说明项目位置和规模、项目背景、养护路段基础数据(路线等级、设计速度、路面宽度等)、建养历史、测设经过、项目范围、方案批复及执行情况等。

(2)现状调查和交通量。简要说明路面技术状况检测、路面破损调查、测量(断面及高程等)路面内部病害检测、排水系统状况调查、筑路材料调查状况,养护路段交通量分布及增长状况、交通组成等对项目影响较大的信息。

(3)设计依据。列出相关规范、规程、历年养护资料(包括历次养护设计文件和竣工文件等)、该项目方案研究报告及其批复等。

(4)设计原则。针对具体项目特点,按照设计规范和技术标准的要求,结合实地勘察情况,阐述设计原则。

(5)设计内容。简要说明养护标准及目标,各部分工程内容(路线、路基路面及排水、交通工程及沿线设施、筑路材料、施工组织计划、交通组织设计、预算)设计方案及要点,环境保护方案,旧材料利用方案,动态设计,新技术、新材料、新设备、新工艺的采用等情况。

3.2 第二篇 总体设计

1)公路平面总体示意图(设计图)

图中示出地形与地物(可采用卫星影像替代)、平面控制点、高程控制点、路线位置(桩号、断链、路中心线、中央分隔带、路基边线及曲线主要桩位)与其他交通路线的关系、县以上境界等,标出桥梁、涵洞、隧道及路线交叉的位置(桥梁按孔数及孔径、长度标绘,注明桥名、结构类型、孔数及孔径、中心桩号;隧道按长度标绘,注明名称、长度、桩号;互通式立体交叉绘出平面布置形式,注明跨线桥名称、结构类型、孔数及孔径、交叉方式;平面交叉示出平面形式;涵洞与通道按孔数标绘,示出结构类型、孔数及孔径,通道还应注明类别),示出服务区、停车区、收费站等。标示出路面主导养护工程、排水工程、防护工程、护栏等的位置(路面主导养护工程标绘出养护类型,如结构性修复、功能性修复、预防养护、养护路段起讫桩号等;排水、防护、护栏等工程标绘出新增或改造路段起讫桩号及类型)。对设置爬坡车道、应急车道、紧急停车带、公共汽车停车站的路段,应示出其放置位置及起讫桩号。

对路线平、纵断面调整的局部路段需绘制公路平面总体设计图。图中示出地形、地物、平面控制点、高程控制点、坐标网格、路线位置[桩号、断链、路中心线、中央分隔带、路基边线、坡脚(或坡顶)线、示坡线及曲线主要桩位]与其他交通路线的关系、沿线排水系统、改移河道(沟渠)及道路、县以上境界、用地界等,标出桥梁、涵洞、隧道、路线交叉及防护工程的位置(桥梁按孔数及孔径、长度标绘,注明桥名、结构类型、孔数及孔径、中心桩号;隧道按长度标绘,注明名称、长度、桩号;互通式立体交叉绘出平面布置形式,注明跨线桥名称、结构类型、孔数及孔径、交叉方式;平面交叉示出平面形式;涵洞与通道按孔数标绘,示出结构类型、孔数及孔径,通道还应注明类别;防护工程注明类型),示出服务区、停车区、收费站等。对设置爬坡车道、应急车道、紧急停车带、公共汽车停车站的路段,应示出其放置位置及起讫点桩号。

2)主要技术经济指标表

示出不同的养护类型路段总造价及平均每公里造价、路面主体养护工程量、旧路挖补工程量、桥面养护类型及工程量、路基防护工程量、排水工程量、平面交叉个数及工程量、护栏改造及增设工程量、标志标线工程量等。

3）路线平、纵面缩图

平面缩图应示出养护路段路线起讫点、5km（或10km）标、控制点、地形、主要城镇、与其他交通路线的关系以及县以上境界。简明示出特大桥、大桥、隧道、主要路线交叉、主要沿线设施等的位置和形式。纵断面缩图一般绘于平面缩图之下，必要时也可单独绘制，简明示出主要公路、铁路、河流、特大桥、大桥、隧道及主要路线交叉等的位置、名称与高程，标注设计高程。水平比例尺与平面缩图相同或与其长度相适应。

不涉及平面或较大规模纵断面调整的路段可不绘制路线平、纵面缩图。

4）路线平面图

示出地形、地物、路线位置及桩号、断链、平曲线主要桩位与其他交通路线的关系、县以上境界等，标注指北图式，示出涵洞、桥梁、隧道、路线交叉（标明交叉方式和形式）位置、中心桩号、尺寸及结构类型等。标注地形图的坐标和中央子午线经度或投影轴经度。

不涉及平面或较大规模纵断面调整的路段可不绘制路线平面图。

5）路线纵断面图

示出网格线、高程、地面线、设计线、竖曲线及其要素、桥涵、隧道、路线交叉的位置［桥梁按桥型、孔数及孔径标绘，注明桥名、结构类型、中心桩号、设计水位；跨线桥示出交叉方式；隧道按长度、高度标绘，注明名称；涵洞通道按桩号及底高绘出，注明孔数及孔径、结构类型、水准点（位置、编号、高程）及断链等］。图的下部各栏示出地质概况、填挖高度、地面高程、设计高程、坡长及坡度、直线及平曲线（包括缓和曲线）、超高、桩号。

不涉及平面或较大规模纵断面调整的路段可不绘制路线纵断面图。

6）直线、曲线及转角表

列出交点号、交点桩号、交点坐标、偏角、曲线要素值、曲线控制桩号、直线长度、计算方位角或方向角、备注路线起讫桩号、坐标系统等。

不涉及平面或较大规模纵断面调整的路段可不编制直线、曲线及转角表。

7）纵坡、竖曲线调整表

列出调整后的变坡点桩号和高程、变坡点间距离、纵坡值、竖曲线要素值、直坡段长度等。

不涉及平面或较大规模纵断面调整的路段可不编制纵坡、竖曲线调整表。

8）附件

包括项目路段近期完成相关工程的竣工文件、测设合同、相关协议和会议纪要、技术方案批复文件等。

3.3 第三篇 路基路面及排水

1）路基路面及排水设计说明

(1) 养护范围和养护路段基本技术资料；

(2) 路面治理设计；

(3) 相关问题解决设计；

(4)材料组成及技术要求；

(5)施工要求及注意事项；

(6)附件。

2)标准横断面图

示出路中心线、行车道、拦水带、路肩、路拱横坡、边坡、护坡道、边沟、落碎台、截水沟、用地界碑等各部分组成及其尺寸，中央分隔带、缘石、左侧路缘带、硬路肩(含右侧路缘带)、护栏、预埋管道(若有)等设置位置及尺寸，路基宽度，公路用地范围等。公路整体式路基、分离式路基分别绘制。

3)路面病害调查统计表

按照养护类型编制表格，根据工程实际情况确定病害统计单元长度(一般建议为500m)，列出病害统计单元起讫桩号，分类型统计不同严重程度的病害总面积等。该表病害统计包括主线、互通匝道等。

4)路面病害及处治分布图

包括各类病害信息及局部处治段落分布情况。病害信息应包括病害类型、位置、长度、宽度、严重程度等，局部处治段落应标出起讫桩号、治理深度、横向范围等，简要标出桥涵构造物、交叉口等的位置。坐标尺最小单位为25m，病害治理位置精确到1m，互通匝道应单独绘制。

5)路面病害处治数量表

包括路面局部病害治理工程数量表和路面加铺(结构性修复/功能性修复/预防养护)工程数量表。

路面局部病害治理工程数量表应列出路面局部挖补治理段落起讫桩号、长度、宽度、方向及车道位置、处治方案、主要病害类型等信息，工程数量表应列出路面的铣刨或挖除工程量、新铺工程量(包括路面结构层和层间功能层等)、细部工程量(包括侧壁涂刷沥青等)。表中应详细列出加铺材料名称、厚度等。

路面加铺(结构性修复/功能性修复/预防养护)工程数量表应列出起讫桩号、方向、路段长度、路面宽度等基本信息，工程数量应包括铣刨或挖除路面工程数量(如有)、加铺工程数量(包括路面结构层和层间功能层等)、细部工程数量(包括封缝、侧壁涂刷沥青、灌封等)和其他工程数量(包括路肩石、路缘石、培土路肩、路床换填等工程数量等)。路段衔接工程量计入该表。该表不包括中央分隔带开口加铺数量、桥涵构造的铺装层、平交口、中央分隔带等部分的加铺数量。表中应详细列出加铺材料名称、厚度等。

6)路面病害处治设计图

包括路面局部病害治理、路面结构和路段衔接等设计图。

路面局部病害治理设计图应示出治理位置、宽度，明确铣刨结构层厚度、回铺结构层厚度及材料，封层、黏层和透层等应列出具体材料和撒布量等，多层铣刨回铺应标明横向和纵向台阶宽度。

路面结构设计图应以横断面图的方式示出原路面结构和改造后路面结构，此外应有路面边缘设计，标示各结构层在路面边缘的尺寸，以及与路缘石、路肩石等附属设施相接处的细部设计。封层、黏层和透层等应列出具体材料和撒布量。

路段衔接设计图应明确衔接段长度、纵向路面搭接方案等。

图中应详细列出加铺材料名称、厚度等。

7)平面交叉及开口部加铺工程数量表

列出平面交叉位置、被交路宽度、顺接长度，衔接铣刨工程数量、新铺工程量(包括路面结构层和层间功能层等)和其他工程量等。表中应详细列出加铺材料名称、厚度等。该表应扣除主线部分工程量。

8）平面交叉及开口部加铺处理示意图

绘制平交口平面和断面图,示出被交路与主线的衔接方式,被交路路面和路基宽度、处治范围及加铺路面结构等。图中应详细列出加铺材料名称、厚度等。

9）中央分隔带开口加铺工程数量表

列出中央分隔带开口桩号、长度、宽度,新铺工程量（包括路面结构层和层间功能层等）。表中应详细列出加铺材料名称、厚度等。

10）中央分隔带开口加铺处理设计图

绘制中央分隔带开口长度、宽度,加铺范围,加铺路面结构等。图中应详细列出加铺材料名称、厚度等。若养护路段未设置中央分隔带,则不设置本图。

11）桥隧路面病害处治数量表

列出桥涵构造物、隧道的中心桩号、处治长度、处治宽度、处治面积等,计列铣刨或凿除的工程数量（包括沥青铺装层、防水混凝土等）、新铺工程量（包括沥青结构层、层间功能层、防水混凝土等）等。表中应详细列出加铺材料名称、厚度等。

12）桥隧路面病害处治示意图

示出桥面宽度、原桥面铺装结构和改造后桥面铺装结构,防水混凝土修复的位置、面积、钢筋布置方式等。图中应详细列出加铺材料名称、厚度等。

13）路基路面排水工程数量表

列出起讫桩号、路段长度、工程名称、工程数量等（包括边沟、排水沟、截水沟、盲沟、急流槽、跌水、一级公路中间带的纵向排水沟、集水井、横向排水管、拦水带、超高段排水措施及地下排水设施等）。

14）路基路面排水工程设计图

绘出各项排水工程平面、立面、断面及结构设计图和有关大样图,应列出每延米或每处工程数量表。

15）路基防护工程数量表

列出起讫桩号、工程名称、路段长度、填土高度、工程数量等（包括拱形防护、格网防护、挡土墙等）。

16）路基防护工程设计图

绘出各项防护工程平面、立面、断面及结构设计图和有关大样图,应列出每延米工程数量表。

17）附件

包括结构性修复路面结构验算、桥面加铺结构验算、路面材料配合比设计试验报告等。

3.4 第四篇 交通工程及沿线设施

1）交通工程及沿线设施设计说明

（1）工程概述；

（2）现状病害描述与原因分析；

（3）更新改造设计方案；

（4）施工要点及施工注意事项；

（5）材料性能及要求。

2）交通工程及沿线设施工程数量汇总表

列出各种规格、型号的护栏、标志、标线、其他设施等安全设施的总工程量。

3）交通标志工程

养护项目中不涉及此部分内容的,可不列相关图表。

(1) 交通标志工程数量表

交通标志工程数量表须列出更换标志的方案、类型、工程数量等。

(2) 交通标志材料数量汇总表

交通标志材料数量汇总表应详细列出版面、基础、立柱的工程数量。

(3) 交通标志设计图

应包括交通标志总体设计图、标志版面布置图、标志一般构造图等。该部分图纸涵盖养护项目设计的需改造、新增的交通标志，应对不同类型标志进行详细设计，说明各部件尺寸、适用范围等。

4) 标线工程

(1) 标线设置一览表

列出主线、互通立交、平交口、停车区等处设置的普通热熔标线和振动标线等工程数量。

(2) 路面标线工程设计图

列出主线、互通立交、出入口、平交口、振动标线、地面箭头文字等标线布置图和大样图，明确各位置尺寸及适用范围等。

5) 护栏工程

养护项目中不涉及此部分内容的，可不列相关图表。

(1) 护栏设置一览表

列出主线、互通立交、平交口等处新建、改建护栏的位置、长度、范围、等级、材料类型等工程数量。

(2) 护栏材料数量汇总表

列出主线、互通立交、平交口等处新建、改建护栏的构建名称、规格、数量等工程数量。

(3) 护栏改造设计图

列出主线、互通立交、平交口等处新建、改建护栏的设计和大样图。

6) 其他交通安全设施

(1) 其他交通安全设施工程数量表

列出限高架、减速丘、凸面镜、里程桩、百米碑、道口标柱等其他交安设施的类型、改造路段的起讫桩号、各材料具体的工程数量。

(2) 其他设施改造设计图

列出限高架、减速丘、凸面镜、里程桩、百米碑、道口标柱等其他交安设施的布置图和大样图。

3.5 第五篇 筑路材料

1) 筑路材料设计说明

(1) 沿线筑路材料质量、储量及采运条件的说明；

(2) 筑路材料质量、储量及采运条件；

(3) 旧路面材料利用、储运及相关资料。

2) 沿线筑路材料料场表

列出料场编号、材料名称、料场位置或名称、料场说明、上路桩号、支线运距、料场简介、储量、开采方式、运输方式、通往料场的道路情况等。

3) 沿线筑路材料试验资料表

分别列出主要筑路材料，如砂、石、水、沥青、改性沥青（如有）等不同原材料的物理力学性质、化学性质及沥青混合料的试验结果，宜列出各种材料的料场或产地、规格、取样地点、取样时间等。

4)沿线筑路材料供应示意图

示出路线的桩号、立体交叉、平面交叉及两侧主要料场和拌和站的位置、材料上路桩号及距离。全线分段计算平均运距。

5)成品及半成品的运距

计算运距时可根据施工组织设计及招标段落划分情况，考虑集中预制、集中拌和因素，计算各项工程原材料、成品及半成品的运距。

3.6 第六篇 施工组织计划

1)施工组织计划设计说明

施工组织、施工期限，主要工程的施工方法、工期、进度及措施；对交通工程及沿线设施施工协调和分期实施有关问题的说明。

2)其他临时工程数量表

包括项目部、料场、拌和场、施工场地、临时电力线、垃圾破碎机场区及垃圾堆放场等。列出地点或桩号、工程名称、工程说明、工程数量等。

3)公路临时用地表

列出位置或桩号、工程名称、隶属（县、乡、个人）、长度、宽度、土地类别及数量。

功能性修复及预防养护类项目中不涉及此部分内容的，可不列本篇章相关图表。

4)工程概略进度图

根据项目施工期限、施工条件以及施工方案按照适当的单位时间进行概略安排。列出各项工程单位、数量，按单位时间示出各项工程施工起止时间、浮动时间、衔接时间。

3.7 第七篇 交通组织设计

1)交通组织设计说明

(1)项目概况、工程实施对原有公路通行的影响情况；

(2)区域路网分析及交通组织设计；

(3)交通组织应急预案及保障措施设计；

(4)临时交通工程及沿线设施设计等。

2)施工期交通组织设计图

(1)路网交通组织示意图

示出施工段落周围路网情况、绕行路线、导流点设置、导流点标志内容等。

(2)施工预告标志牌设计图

示出施工段落周围导流点、控制点等处需设置的标志牌设计图。

(3)交通组织示意图

示出施工期间临时交通组织示意图。

3)附件

交管部门对交通组织设计的相关意见。

3.8 第八篇 预算

1)预算说明

根据现行《公路工程建设项目概算预算编制办法》(JTG 3830)、《公路工程预算定额》(JTG/T 3832)、《河北省普通公路养护工程预算编制办法》《河北省普通公路养护工程养护定额》及其他相关规定编制，对工程概况、编制依据、有关单价及费用标准、与批复的估算对比情况等内容进行说明。

2)预算表

(1)总预算表(01表)

(2)人工、主要材料、施工机械台班数量汇总表(02表)

(3)建筑安装工程费计算表(03表)

(4)综合费率计算表(04表)

(5)综合费计算表(04-1表)

(6)专项费用计算表(06表)

(7)工程建设其他费计算表(08表)

(8)人工、材料、施工机械台班单价汇总表(09表)

(9)材料预算单价计算表(22表)

(10)施工机械台班单价计算表(24表)

4 设计成果的提交要求

设计文件图纸幅面尺寸应采用297mm×420mm(横式)。设计文件应装订成册,每册不宜过厚或过薄,以便使用和保管。送审的设计文件封面颜色宜为奶油白色或象牙白色。

各种设计图纸的幅面尺寸一般采用297mm×420mm,必要时可增大幅面,其尺寸应符合《道路工程制图标准》(GB 50162—1992)的规定,送审的图纸应按297mm×420mm折叠,也可按210mm×297mm折叠。

设计文件中的计量单位应采用《中华人民共和国法定计量单位》中规定的法定计量单位;公路工程名词应采用《公路工程技术标准》(JTG B01—2014)、《公路工程名词术语》(JTJ 002—1987)、《道路工程术语标准》(GBJ 124—1988)及有关技术规范、规程所规定的名词,无规定时可采用专业习惯使用的名词。

设计成果文件应签署完备。

5 河北省普通国省干线公路沥青路面养护工程设计文件图表示例

河北省普通国省干线公路沥青路面养护工程设计文件图表示例如下:

河北省普通国省干线公路沥青路面养护工程设计文件图表示例

图　例

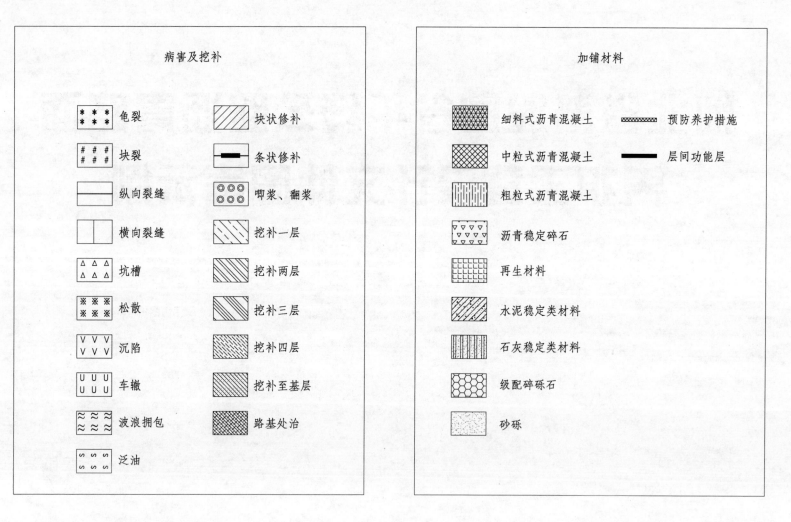

注：具体项目涉及其他项目可增加相应图例。

河北省普通国省干线公路沥青路面养护工程设计文件图表示例目录

序号	图表名称	图表编号	页数	页码	序号	图表名称	图表编号	页数	页码
	第一篇 总说明	S1		13	10	中央分隔带开口处理设计图	S3-10	1	52
1	地理位置示意图	S1-1	1	14	11	桥面病害处治工程数量表	S3-11	1	53
2	养护路段位置示意图	S1-2	1	15	12	桥面病害处治示意图	S3-12	2	54、55
3	说明书	S1-3	2	16、17	13	路基路面排水工程数量表	S3-13	1	56
	第二篇 总体设计	S2		18	14	路基路面排水工程设计图	S3-14	9	57~65
1	公路平面总体示意图、设计图	S2-1	2	19、20	15	路基防护工程数量表	S3-15	1	66
2	主要技术经济指标表	S2-2	2	21、22	16	路基防护工程设计图	S3-16	2	67、68
3	路线平、纵面缩图	S2-3	1	23	17	附件	S3-17	1	69
4	路线平面图	S2-4	1	24		第四篇 交通工程及沿线设施	S4		70
5	路线纵断面图	S2-5	1	25	1	交通工程及沿线设施设计说明	S4-1	1	71
6	直线、曲线及转角表	S2-6	1	26	2	交通工程及沿线设施工程数量汇总表	S4-2	1	72
7	纵坡、竖曲线调整表	S2-7	1	27	3	交通标志工程数量表	S4-3-1	1	73
8	附件	S2-8	1	28	4	交通标志材料数量汇总表	S4-3-2	1	74
	第三篇 路基路面及排水	S3		29	5	交通标志总体设计图	S4-3-3	1	75
1	路基路面及排水设计说明	S3-1	2	30、31	6	标志版面布置图	S4-3-4	1	76
2	路基标准横断面图	S3-2	4	32~35	7	标志一般构造图	S4-3-5	1	77
3	路面病害调查统计表	S3-3	1	36	8	标线设置工程数量表	S4-4-1	1	78
4	路面病害及处治分布图	S3-4	1	37	9	主线段标线大样图	S4-4-2	1	79
5	路面病害处治工程数量表	S3-5	2	38、39	10	平交口标线布设大样图	S4-4-3	1	80
6	路面病害处治设计图	S3-6	8	40~47	11	出口标线大样图	S4-4-4	1	81
7	平面交叉及开口部加铺工程数量表	S3-7	1	48	12	入口标线大样图	S4-4-5	1	82
8	平面交叉加铺处理设计图	S3-8	2	49、50	13	护栏设置一览表	S4-5-1	1	83
9	中央分隔带开口加铺工程数量表	S3-9	1	51	14	护栏工程材料数量汇总表	S4-5-2	1	84

— 11 —

序号	图 表 名 称	图表编号	页数	页码		序号	图 表 名 称	图表编号	页数	页码
15	中央分隔带波形梁护栏一般构造设计图	S4-5-3	1	85		5	综合费率计算表		1	109
16	路侧波形梁护栏一般构造设计图	S4-5-4	1	86		6	综合费计算表		1	110
	第五篇 筑路材料	S5		87		7	专项费用计算表		1	111
1	筑路材料设计说明	S5-1	1	88		8	工程建设其他费计算表		1	112
2	沿线筑路材料料场表	S5-2	1	89		9	人工、材料、施工机械台班单价汇总表		1	113
3	石料试验结果汇总表	S5-3	1	90		10	材料预算单价计算表		1	114
4	沿线筑路材料供应示意图	S5-4	1	91		11	施工机械台班单价计算表		1	115
5	成品及半成品的运距	S5-5	1	92						
	第六篇 施工组织计划	S6		93						
1	施工组织计划设计说明	S6-1	1	94						
2	其他临时工程数量表	S6-2	1	95						
3	公路临时用地表	S6-3	1	96						
4	工程概略进度图	S6-4	1	97						
	第七篇 交通组织设计	S7		98						
1	交通组织设计说明	S7-1	2	99、100						
2	路网交通组织示意图	S7-2	1	101						
3	交通组织示意图	S7-3	1	102						
4	附件	S7-4	1	103						
	第八篇 预算	S8		104						
1	预算说明	S8-1	1	105						
2	总预算表		1	106						
3	人工、主要材料、施工机械台班数量汇总表		1	107						
4	建筑安装工程费计算表		1	108						

第一篇 总说明

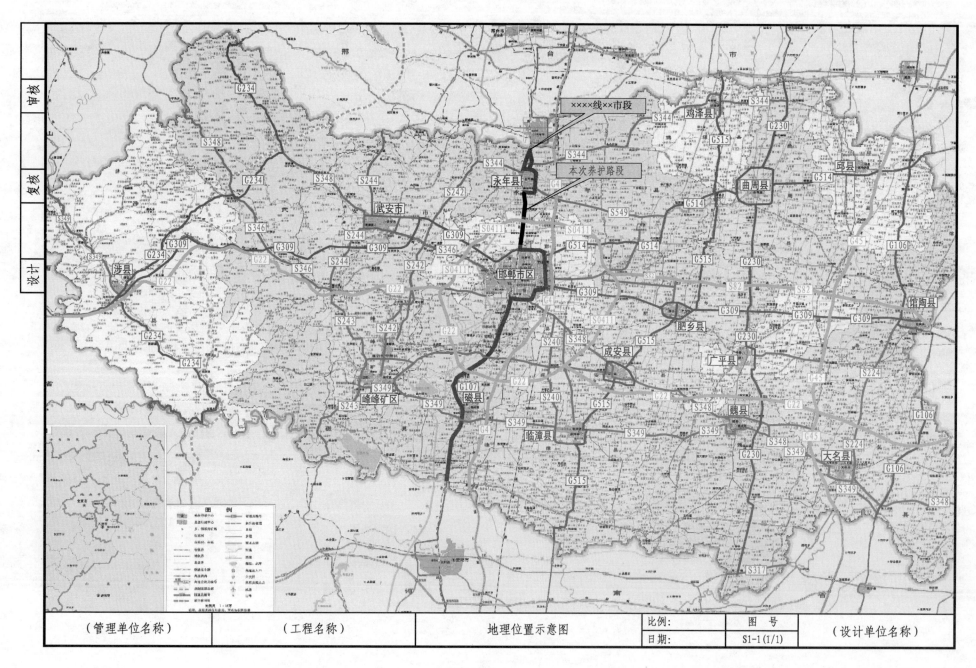
地理位置示意图 图号 S1-1(1/1)

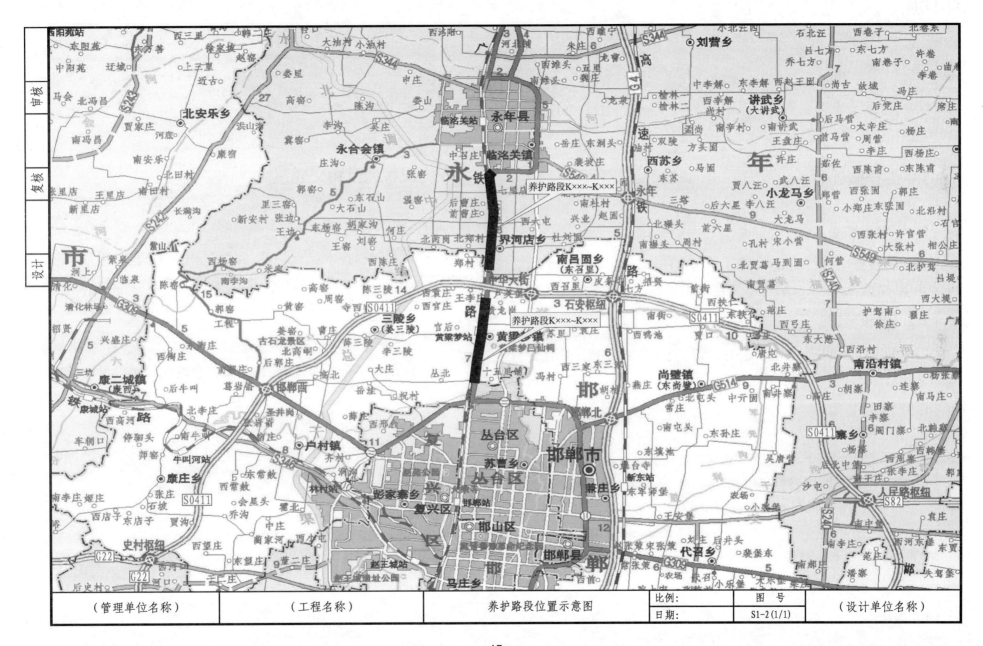

（管理单位名称）	（工程名称）	养护路段位置示意图	比例：	图号	（设计单位名称）
			日期：	S1-2(1/1)	

说 明 书

1 工程概述

1.1 项目背景

养护路段概况(位置和规模等)、养护路段基础数据(路线等级、设计速度、路面宽度、路面结构等)、建养历史等。

1.2 测设经过

按时间节点说明从承担该项目方案研究工作到完成施工图设计的主要经过。

1.3 项目范围

1.4 方案批复及执行情况

逐项列出方案批复及执行情况。方案研究所拟定的设计方案等,如有不一致,应说明变更依据及理由。

2 现状调查和交通量

2.1 现状调查

简要说明路面技术状况检测、路面破损人工调查、测量(断面及高程等)、路面内部病害检测、排水系统状况调查、筑路材料调查状况、交通工程及沿线设施调查等。

2.2 交通量

养护路段交通量分布、增长状况及交通组成等对项目的影响。

3 设计依据

相关规范、规程、历年养护资料(包括历次养护设计文件和竣工文件等)、该项目方案研究报告及其批复等。

4 设计原则

针对具体项目特点,按照设计规范和技术标准的要求,结合实地勘察情况,阐述设计原则。

5 设计内容

5.1 养护标准及目标

从公路技术状况检测指标等方面提出本项目的养护标准。

养护目标应明确沥青混合料路面交工验收阶段的外观、面层厚度、压实度、路表平整度、路表渗水系数、宽度、横坡度、弯沉(结构性修复路段)、构造深度、摩擦系数等各项目检查与验收质量标准。

5.2 路线

本项目平面坐标、中央子午线、高程基准。简明列出平面设计及纵断面设计的主要技术指标。

5.3 路基路面及排水

养护项目分路段、分不同的养护类型(结构性修复、功能性修复、预防养护等)阐明路面主导养护方案。简要说明桥面、路肩石、路缘石、排水、防护等的养护范围及方案。

5.4 交通工程及沿线设施

简要说明标志、标线、护栏、里程碑、隔离栅、防落物网等设施的养护方案。

5.5 筑路材料

简要说明项目主要筑路材料的位置、质量、储量、运输条件、运输方式等。

5.6 施工组织计划

简要说明施工组织计划及总体安排等。

5.7 交通组织设计

从路网和路段交通组织等方面简要说明交通组织设计方案。

5.8 预算

列出施工图预算总金额及建筑安装工程费。

5.9 环境保护

旧路养护维修施工对周围环境的影响、采取的措施及铣刨废料的合理处理等。

5.10 动态设计

养护项目的特殊性、动态设计理念及具体措施。

5.11 新技术、新材料、新设备、新工艺的采用等情况

说明项目采用的新技术、新材料、新设备、新工艺的情况。

第二篇 总体设计

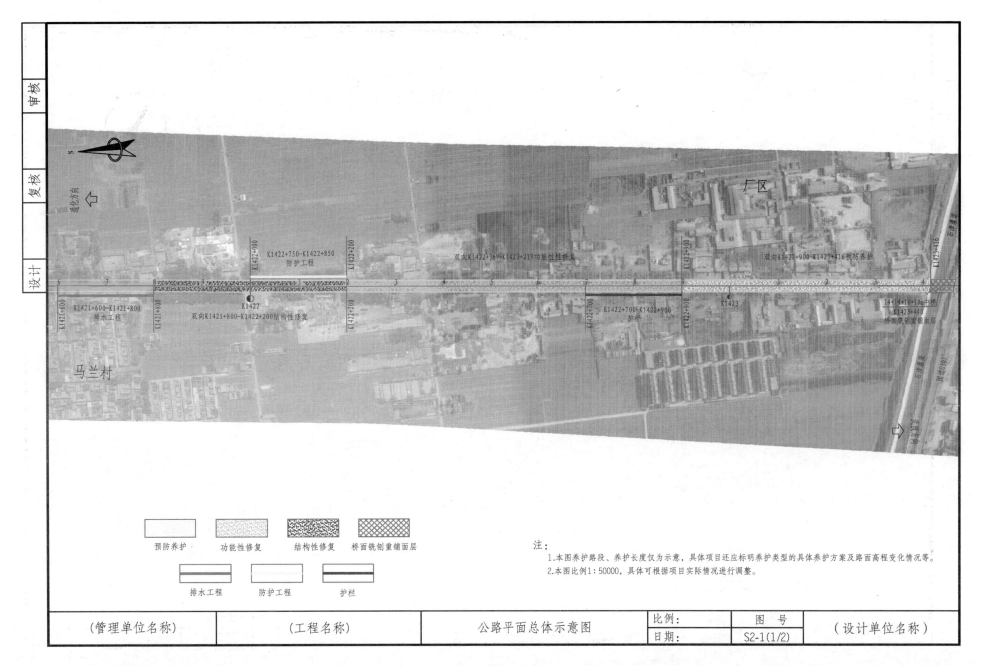

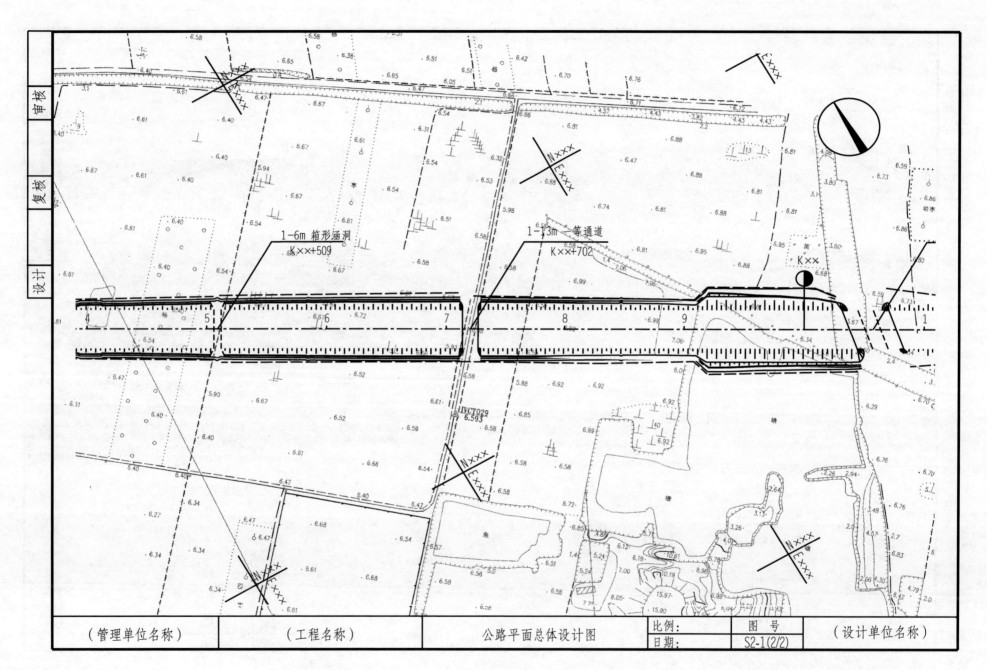

主要技术经济指标表

项目名称

S2-2(1/2)

序号	指标名称	单位	技术经济指标	备注	序号	指标名称	单位	技术经济指标	备注
1	2	3	4	5	1	2	3	4	5
	一、基本指标				14	路基宽度			
1	公路等级	级				路基宽××m	km		
2	设计速度					……			
	一级公路	km/h			15	平均路基高度	m		
	二级公路	km/h			16	路基土石方数量			
	……					……	1000m³		
3	交通量	辆/d			17	平均每公里土石方	1000m³		
4	预算总金额	万元			18	防护及排水工程			
5	结构性修复	万元				挡土墙	延米		
	平均每公里造价(一级公路半幅,二级及以下公路全幅)	万元				防护工程	延米		
	单位面积造价	元/m²				排水工程	延米		
6	功能性修复	万元			19	路面设计累计轴次	万次/车道		
	平均每公里造价(一级公路半幅,二级及以下公路全幅)	万元			20	路面结构类型及宽度			
	单位面积造价	元/m²				沥青混凝土路面宽××m	km		
7	预防养护	万元				……			
	平均每公里造价(一级公路半幅,二级及以下公路全幅)	万元			21	结构性修复面积			
	单位面积造价	元/m²				上面层	m²		
	二、路线					……			
8	路线长度	km				下承层病害治理	m²		
9	最大纵坡	%/处			22	功能性修复面积			
10	最短坡长	m/处				表面层处治方式	m²		
11	平均每公里纵坡变更次数	次				下承层病害治理	m²		
12	竖曲线最小半径				23	预防养护面积(说明具体养护措施)			
	凸形	m/个				预防养护措施	m²		
	凹形	m/个				下承层病害治理	m²		
13	竖曲线对路线总长占比	%			24	沥青混凝土桥面养护			
	三、路基路面及排水					桥涵	m/座		

编制：

复核：

主 要 技 术 经 济 指 标 表

项目名称

S2-2(2/2)

序号	指 标 名 称	单位	技术经济指标	备注	序号	指 标 名 称	单位	技术经济指标	备注
1	2	3	4	5	1	2	3	4	5
	桥面铺装处治措施	m²							
25	平交口数量								
	一级公路平交口	处							
	二级公路平交口	处							
	三级公路平交口	处							
	四级公路平交口	处							
	等级外公路平交口	处							
26	路肩石更换长度	延米							
27	路缘石更换长度	延米							
28	……								
	四、交通工程及沿线设施								
29	护栏	km							
30	标志	块							
31	标线	m²							
32	……								

编制：

复核：

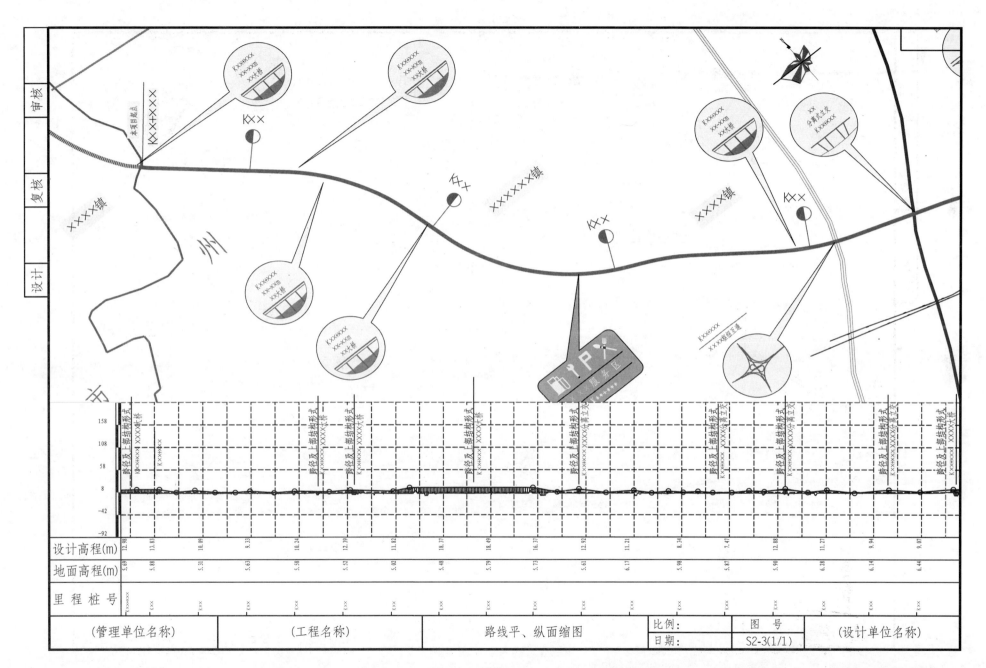

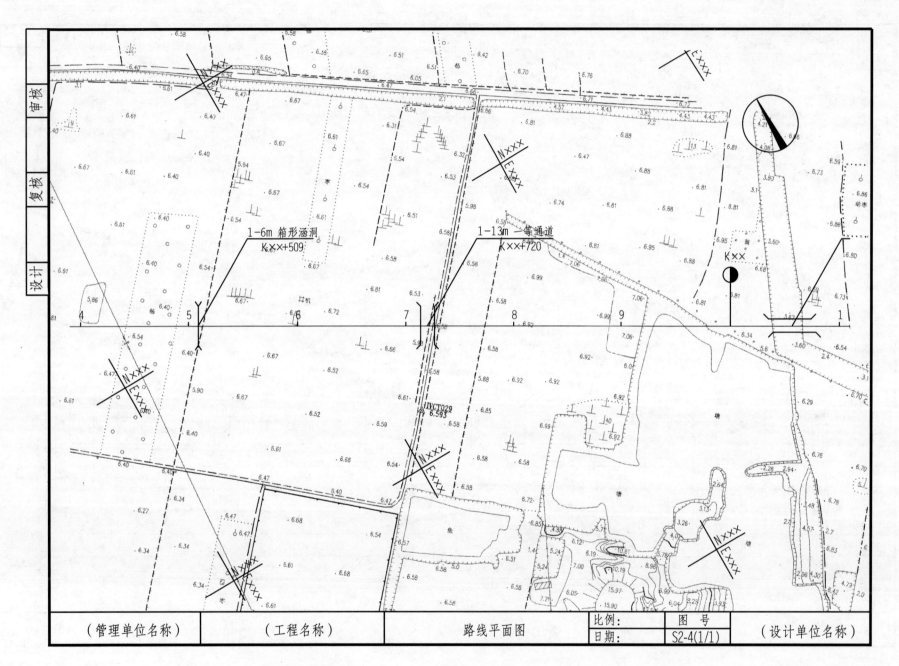

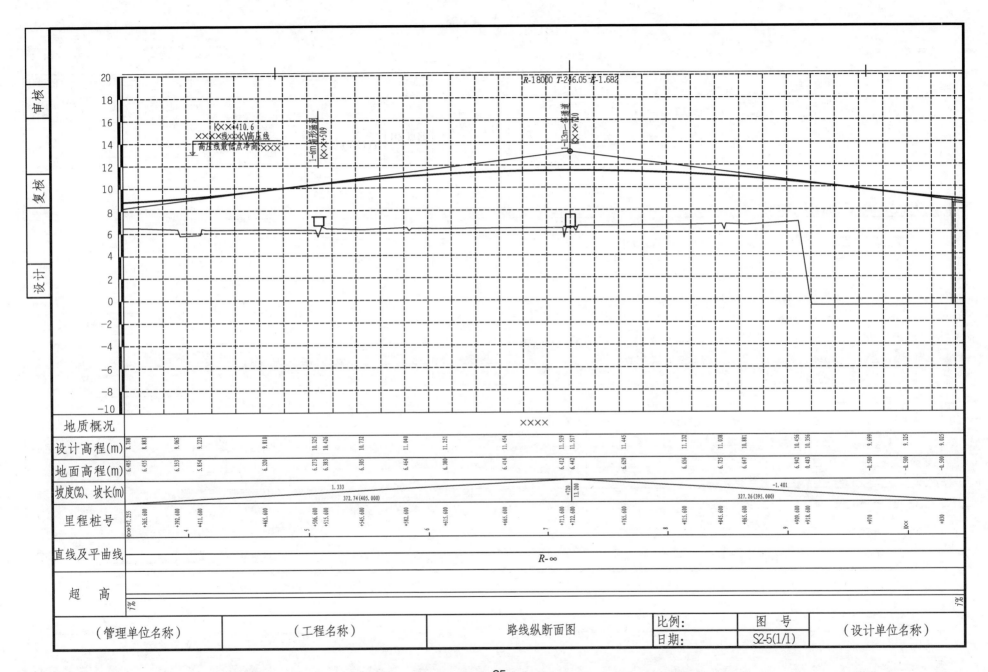

直线、曲线及转角表

项目名称   S2-6(1/1)

交点序号	交点坐标		交点桩号	转角值		曲线要素值(m)										曲线位置				直线长度及方向			备注
	X	Y		左转 ° ′ ″	右转 ° ′ ″	半径 R	第一缓和曲线参数 A_1	第一缓和段长 L_{s_1}	第二缓和曲线参数 A_2	第二缓和段长 L_{s_2}	第一切线长度 T_1	第二切线长度 T_2	曲线长度 L	外矢距 E		第一缓和曲线起点 ZH	第一缓和曲线终点 HY(ZY)	圆曲线中点 QZ	第二缓和曲线起点 YH(YZ)	第一缓和曲线终点 (HZ)	直线长度 m	交点间距 m	计算方位角 ° ′ ″	
起点																								
JD₁																								
JD₂																								
JD₃																								
…																								
…																								
…																								
终点																								
合计																								

编制：   复核：

纵坡、竖曲线调整表

S2-7(1/1)

项目名称

变坡点序号	变坡点桩号	高程(m)	纵坡(%)	坡长(m)	竖曲线要素及曲线位置								直坡段长度（m）	备注
					坡差(%)	半径(凸)	半径(凹)	T	L	E	起点桩号	终点桩号		
1	2	3	4	5	6	7	8	9	10	11	12	13	14	15
起点														
0														
1														
2														
3														
4														
5														
6														
7														
8														
…														
…														
…														
终点														

编制： 复核：

项目名称	

附 件

　　附件包括项目路段近期完成相关工程的竣工文件、测设合同、相关协议和会议纪要、技术方案批复文件等。

设计单位名称：	S2-8(1/1)

第三篇　路基路面及排水

路基路面及排水设计说明

1 养护范围和养护路段基本技术资料

包括养护范围、养护资料和养护路段基本技术资料等。

2 路面治理设计

介绍路面病害现状及调查检测结果分析。全面详细说明本次治理方案，包括路面治理、排水设施改造、桥面工程治理，以及交通安全设施改造方案等。

3 相关问题解决设计

包括上跨结构物净空限制，桥梁结构物及伸缩缝处理，互通区匝道，服务区贯穿道路等路面部位与沥青路面衔接处理，平交口衔接处理，中央分隔带开口处理，中央分隔带两侧及道路外侧衔接处理，沥青路面施工接缝处理等问题的解决方案。

4 材料组成及技术要求

4.1 沥青混合料

1. 原材料要求
（1）沥青
（2）粗集料
（3）细集料
（4）填料
……

2. 混合料配合比设计和性能检验

4.2 水泥稳定碎石基层

1. 原材料要求
2. 混合料配合比设计和性能检验

4.3 黏结防水层、黏层、透层等

……

5 施工要求及注意事项

5.1 路面验收标准

5.2 沥青混凝土施工要点

5.3 水泥稳定碎石施工要点

......

6 附件

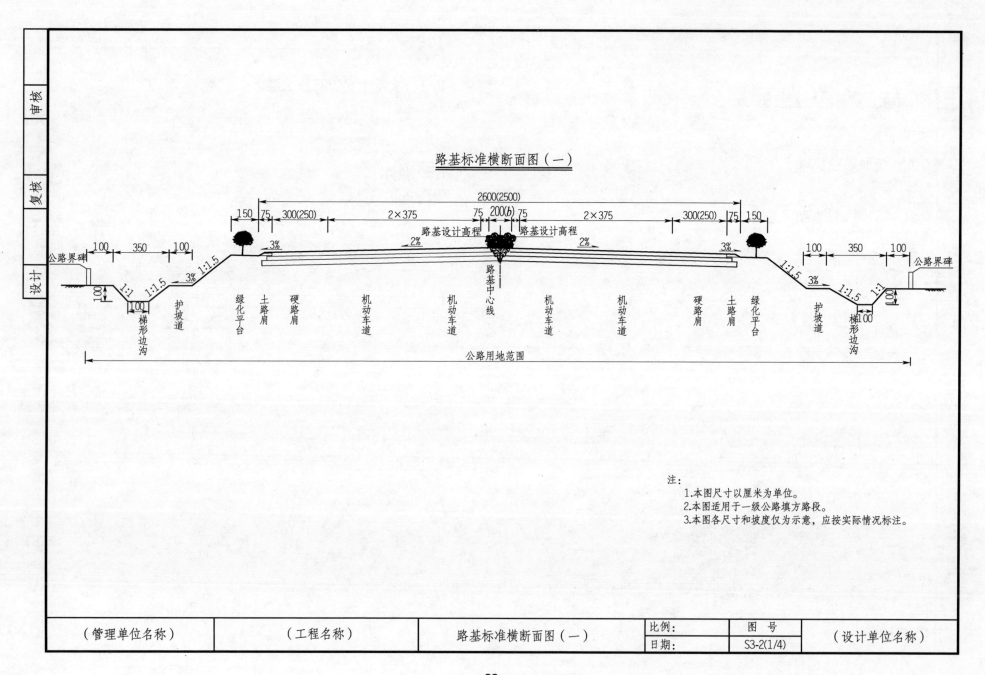

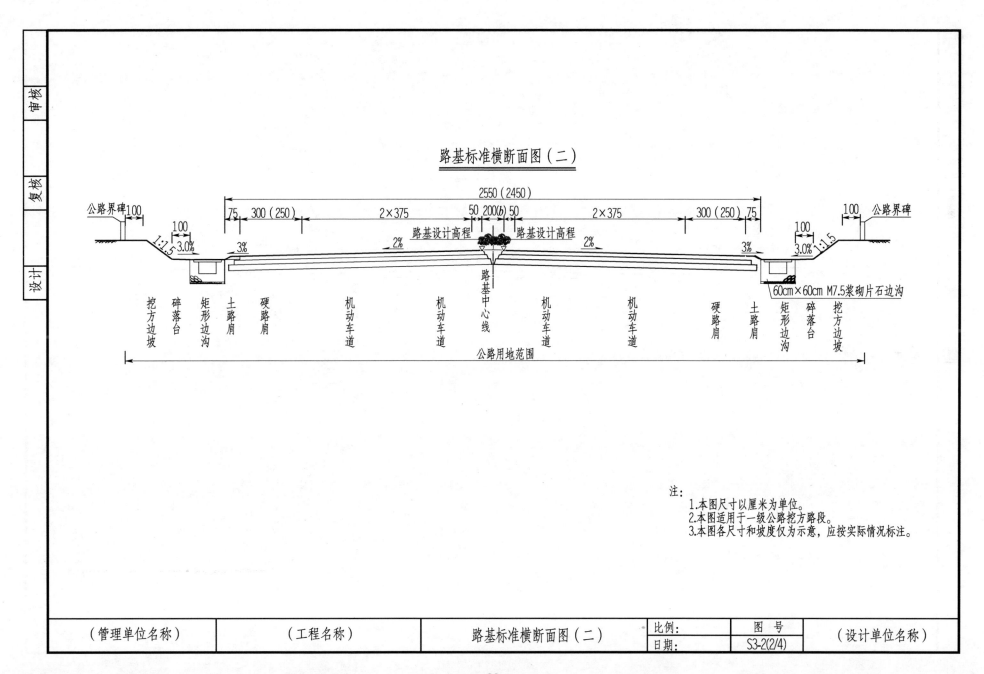

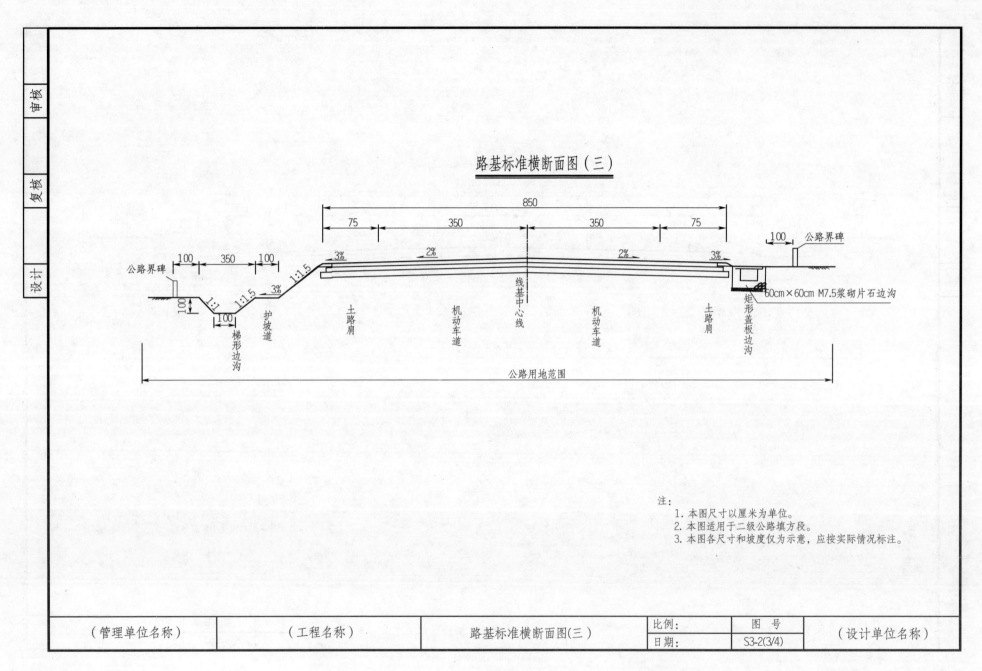

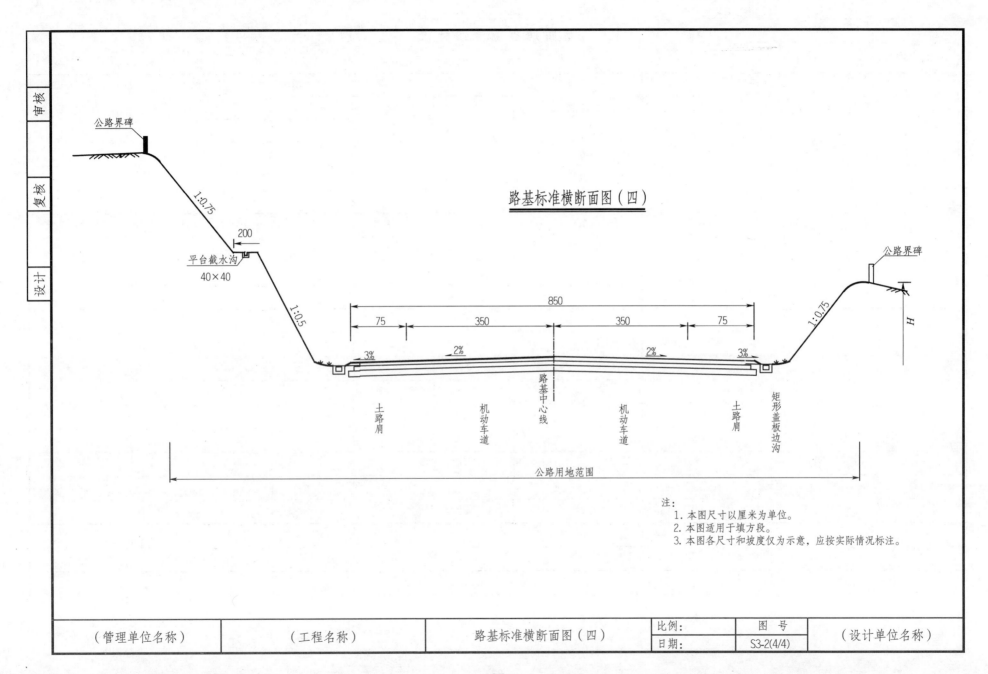

路面病害调查统计表

项目名称　　S3-3(1/1)

序 号	起止桩号	方　向	病害类型	面　积			总面积	备　注
				轻	中	重		
				m²	m²	m²	m²	
1	K×××~K×××	上行	龟裂					
			沉陷					
			……					
2	K×××~K×××	下行	龟裂					
			沉陷					
			……					

编制：　　　　　　　　　　　　　　　　　　　　　　　　　　　　　　复核：

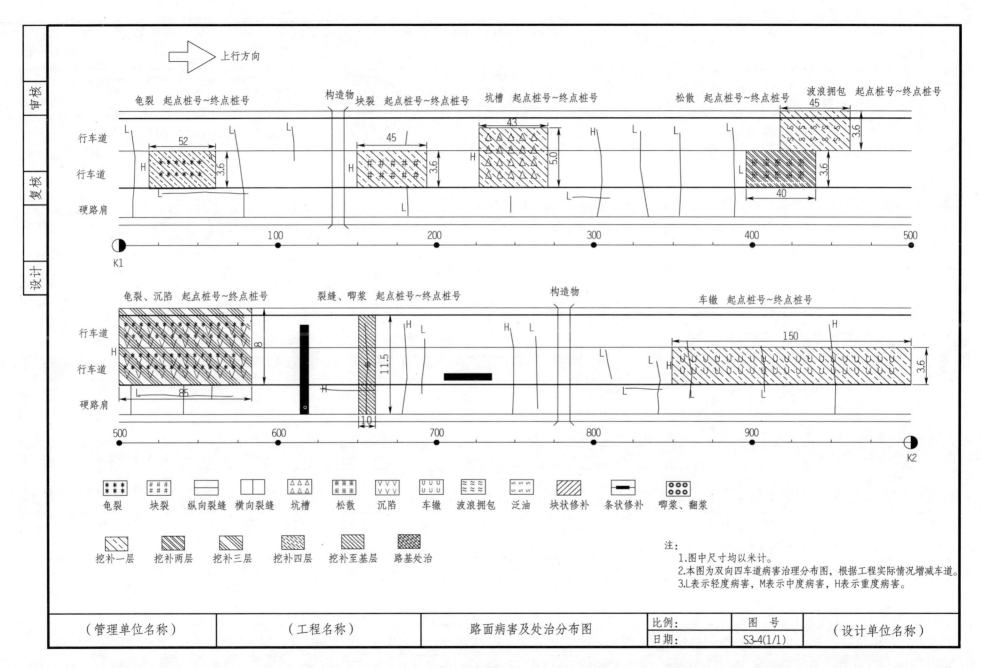

路面病害处治工程数量表

项目名称 S3-5-1(1/1)

序号	起止桩号	方向	路段长度	治理宽度	治理深度	车道位置	病害类型	铣刨工程量				新铺工程量					细部工程量			其他工程量		备注
								铣刨4cm面层	铣刨6cm面层	挖除18cm基层	……	新铺4cmAC-13C细粒式改性沥青混凝土	新铺6cmAC-16C中粒式沥青混凝土	新铺18cm沥青稳定碎石	SBS改性沥青黏结防水层	乳化沥青透层	……	侧壁涂刷沥青	热沥青灌缝	路基换填砂砾	……	
			m	m	m			m²	m²	m²		m²	m²	m²	m²	m²		m²	m	m³		
合计																						

编制: 复核:

路面病害处治工程数量表

项目名称　　S3-5-2(1/1)

序号	起止桩号	方向	路段长度	治理宽度	治理深度	车道位置	病害类型	铣刨工程量			新铺工程量					细部工程量		其他工程量			备注
								铣刨4cm面层	铣刨6cm面层	挖除18cm基层	新铺4cmAC-13C细粒式改性沥青混凝土	新铺4cmAC-20C中粒式沥青混凝土	新铺18cm沥青稳定碎石	SBS改性沥青黏结防水层	乳化沥青透层	……	侧壁涂刷沥青	封缝	培水路肩	路肩石	……	
			m	m	m			m²	m²	m²	m²	m²	m²	m²	m²		m²	m	m³	m³		
合计																						

编制：　　　复核：

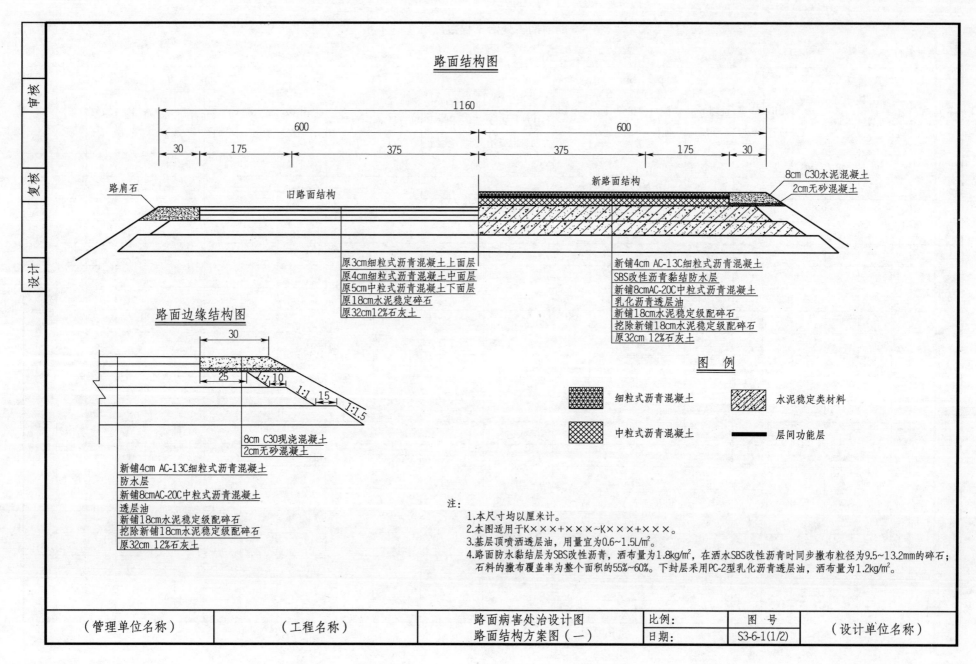

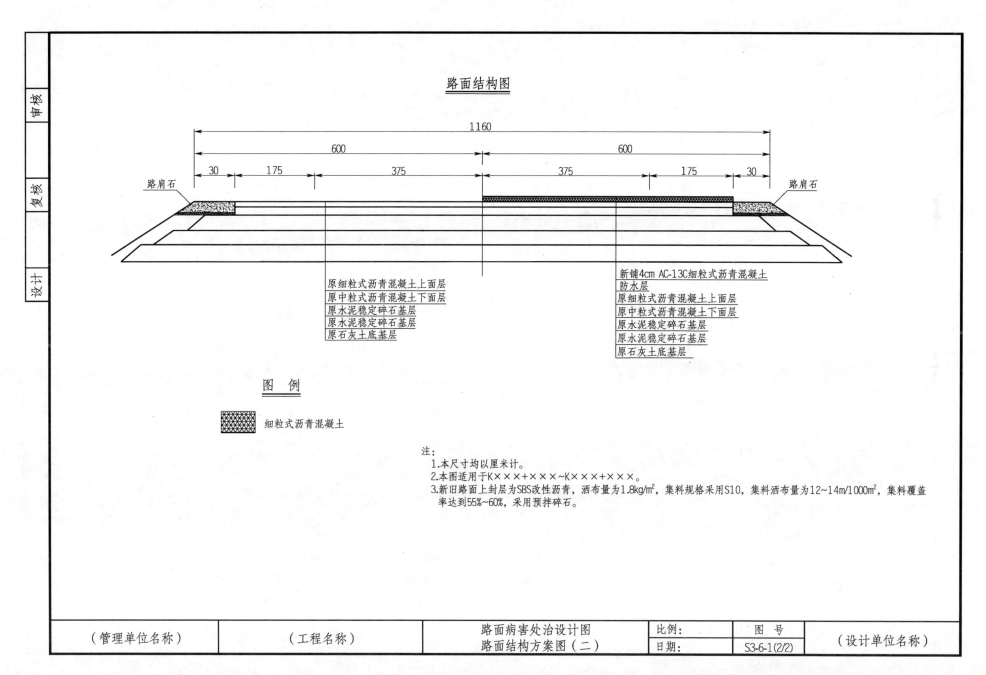

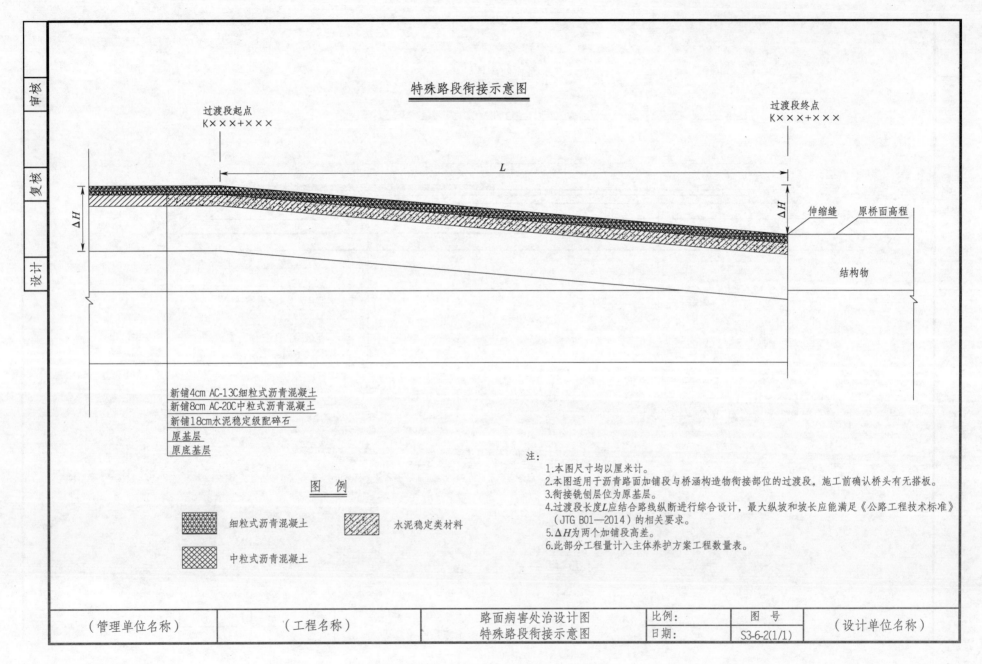

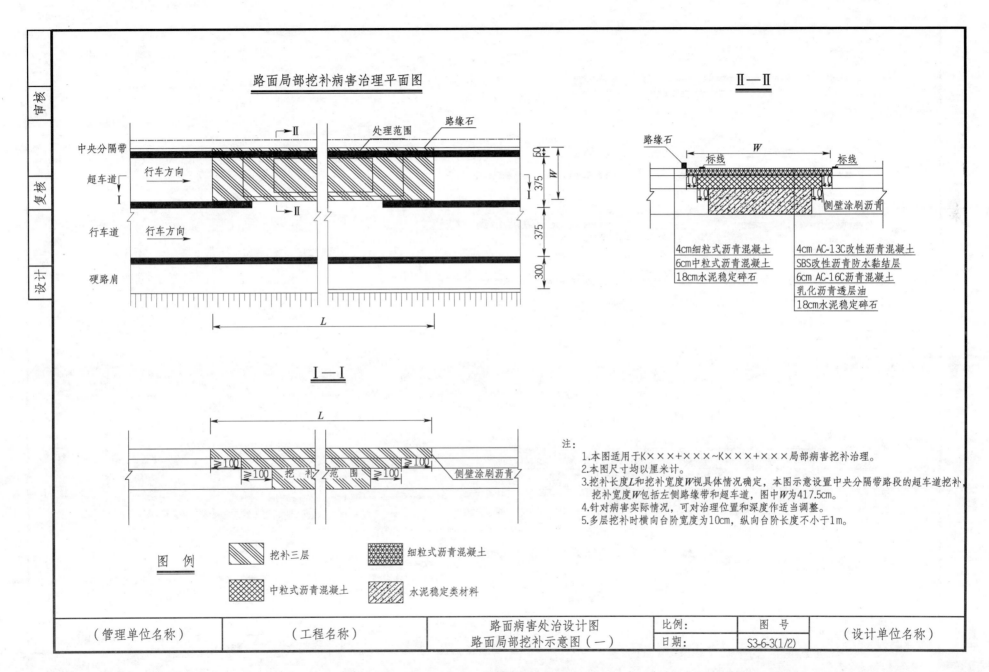

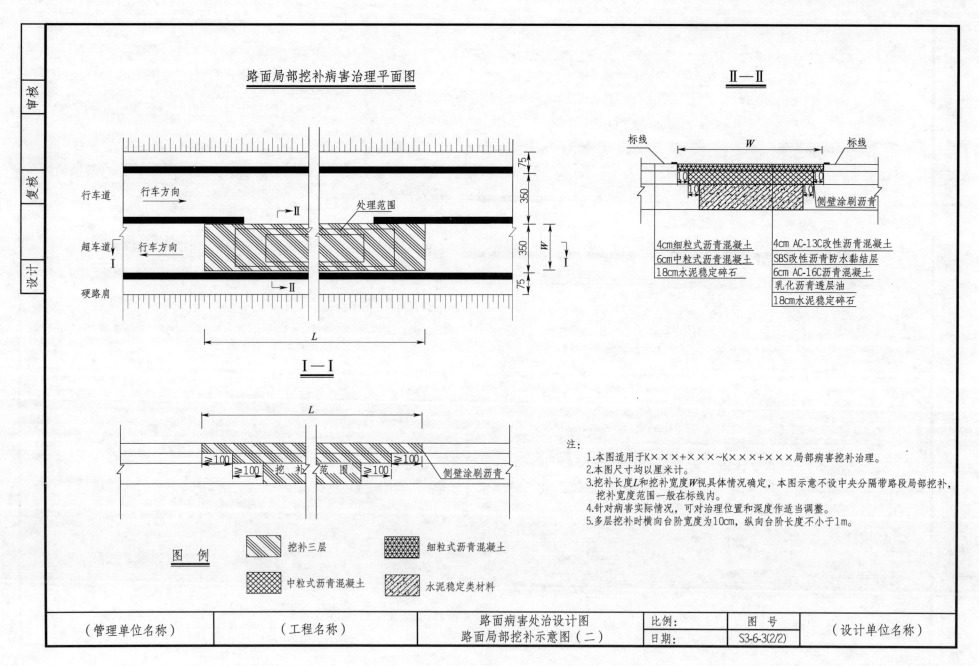

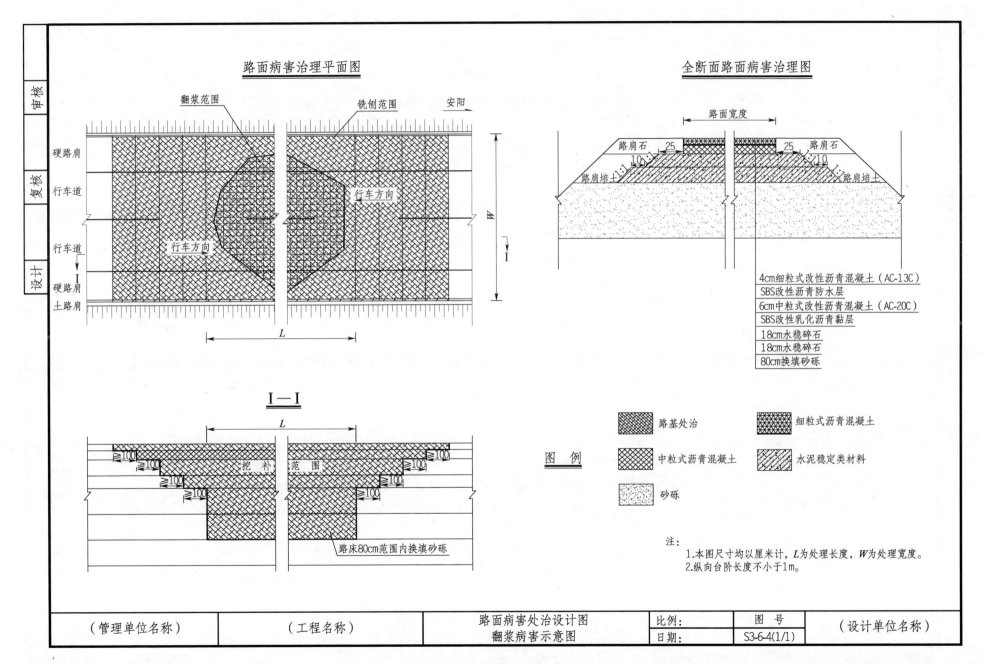

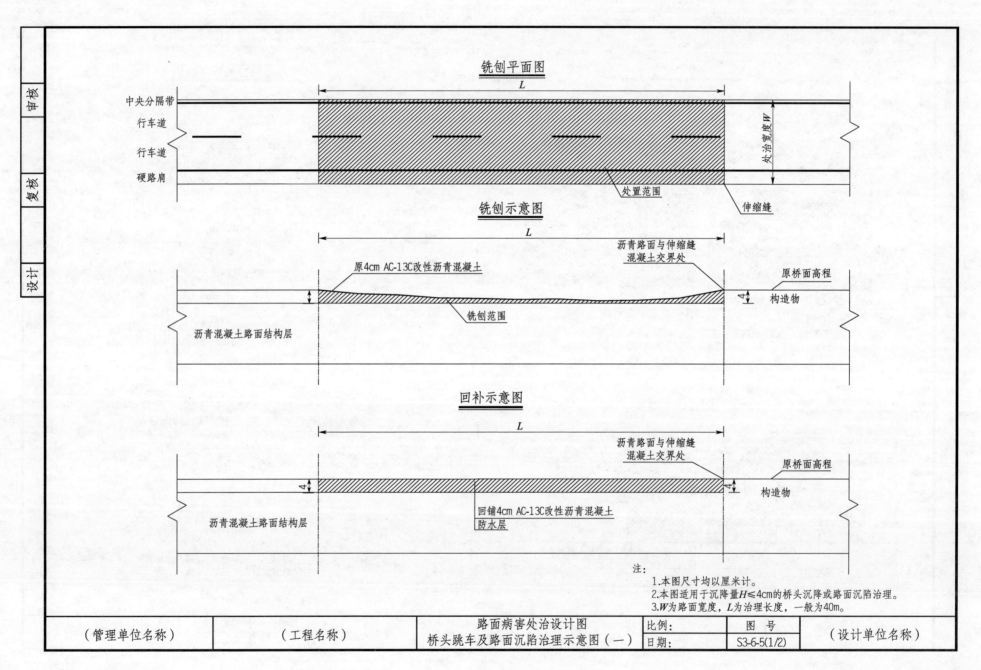

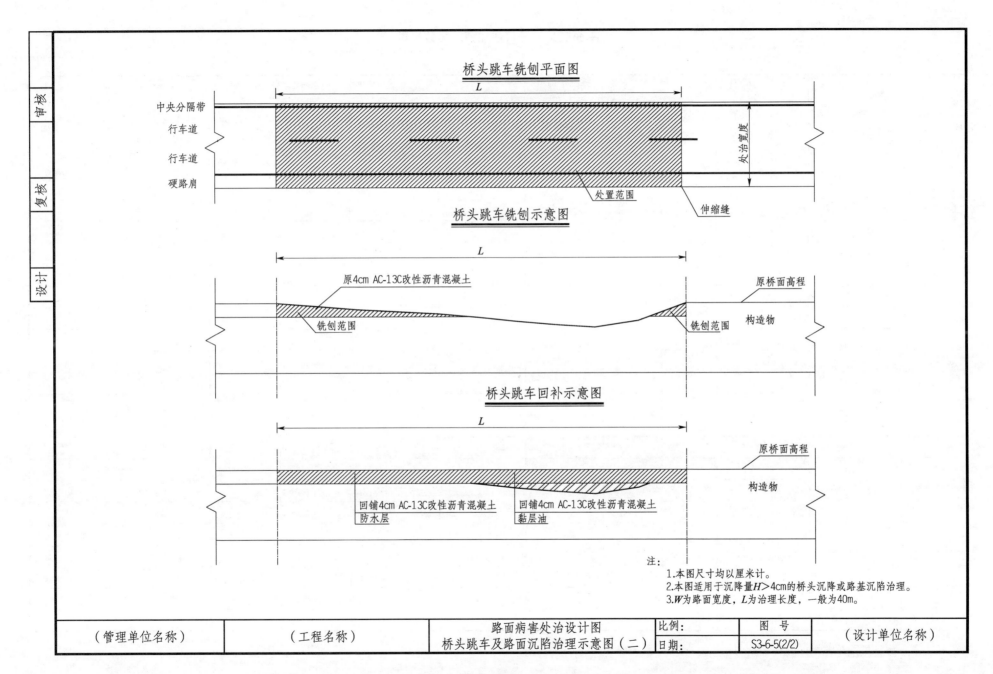

平面交叉及开口部加铺工程数量表

项目名称

S3-7(1/1)

序号	中心桩号	被交路名称或说明	交角 °	转角半径 m	被交路等级	被交路面类型	被交路面宽度 m	铣刨工程量 衔接铣刨 m²	新铺工程量							备注
									新铺4cmAC-13细粒式改性沥青混凝土 m²	新铺6cmAC-16中粒式沥青混凝土 m²	SBS改性沥青防水黏结层 m²	新铺18cm水泥稳定碎石 m²	乳化沥青透层油 m²	……	
合计															

编制：　　　复核：

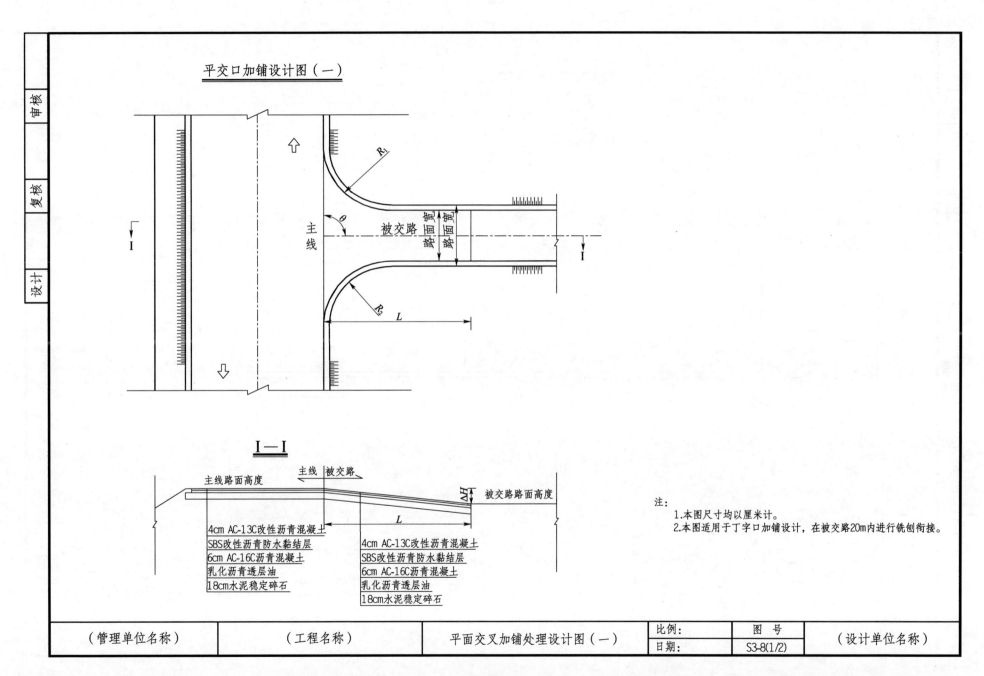

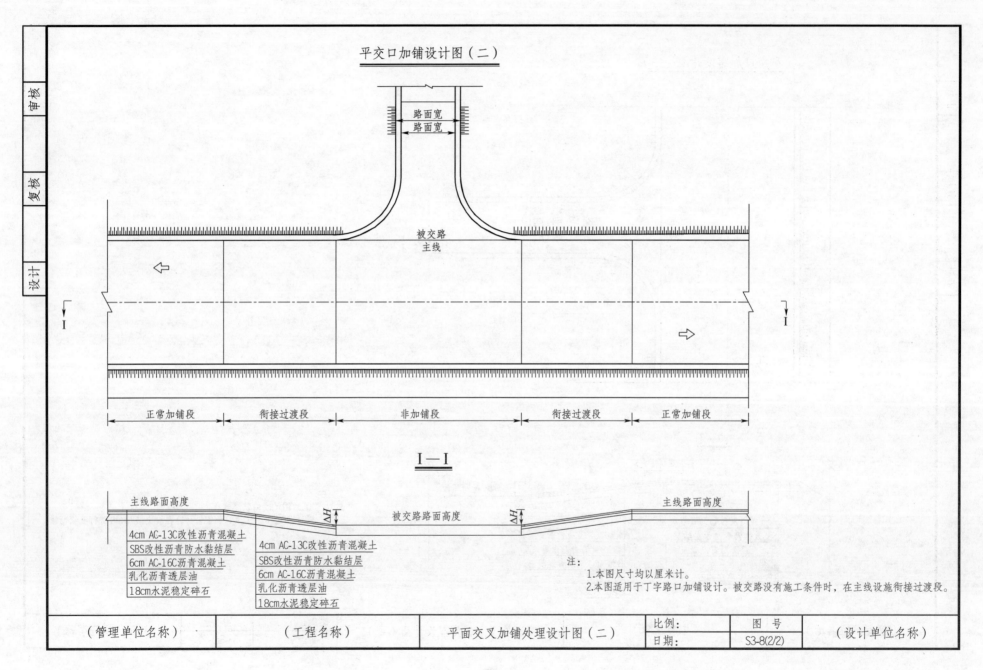

中央分隔带开口加铺工程数量表

项目名称

S3-9(1/1)

序号	中心桩号	长度	宽度	加铺工程量			细部工程量			备注
				加铺4cmAC-13C细粒式沥青混凝土	SBS改性沥青防水层	……	侧壁涂刷沥青	封缝	……	
		m	m	m²	m²		m²	m		
	合计									

编制：　　　　　　　　　　　　　　　　　　　　　　　　　　　　　　　　　　　　复核：

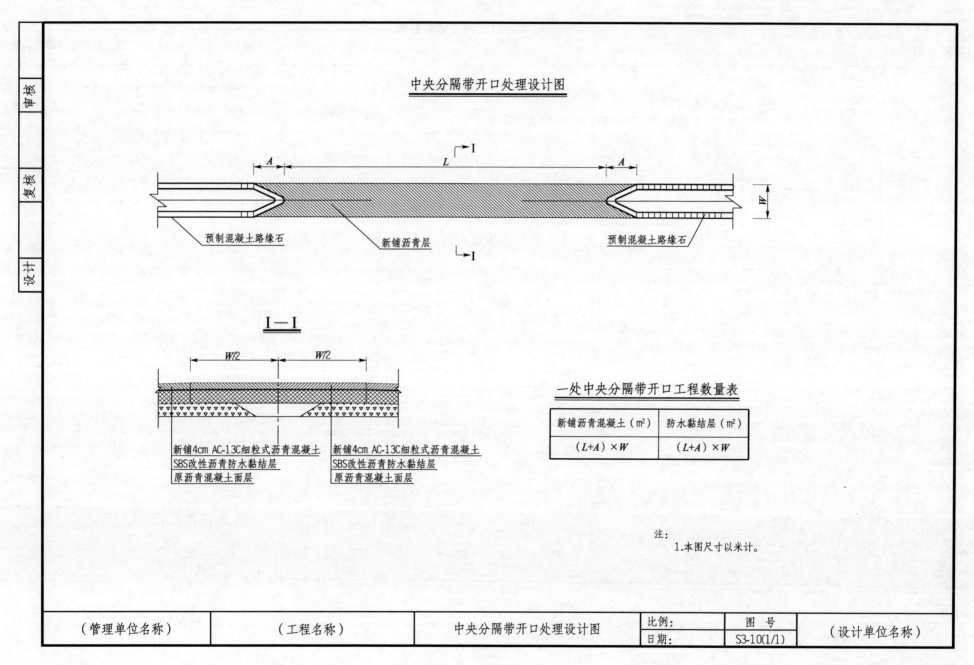

桥面病害处治工程数量表

项目名称　　S3-11（1/1）

序号	桥梁中心桩号	跨径	方向	长度	宽度	治理深度	车道位置	病害类型	铣刨工程量		加铺工程量					……	备注
									铣刨10cm沥青铺装层	凿除防水混凝土	新铺4cm AC-13C改性沥青混凝土	新铺6cm AC-16C改性沥青混凝土	防水混凝土	黏结防水层	聚丙烯纤维		
				m	m	cm			m²	m²	m²	m²	m²	m²	kg		
合计																	

编制：　　复核：

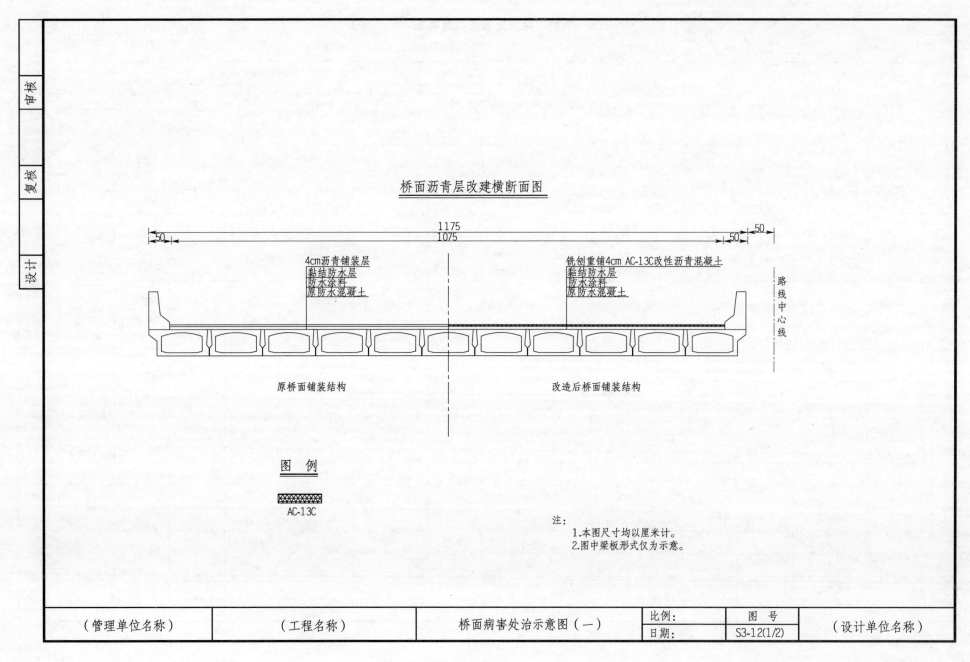

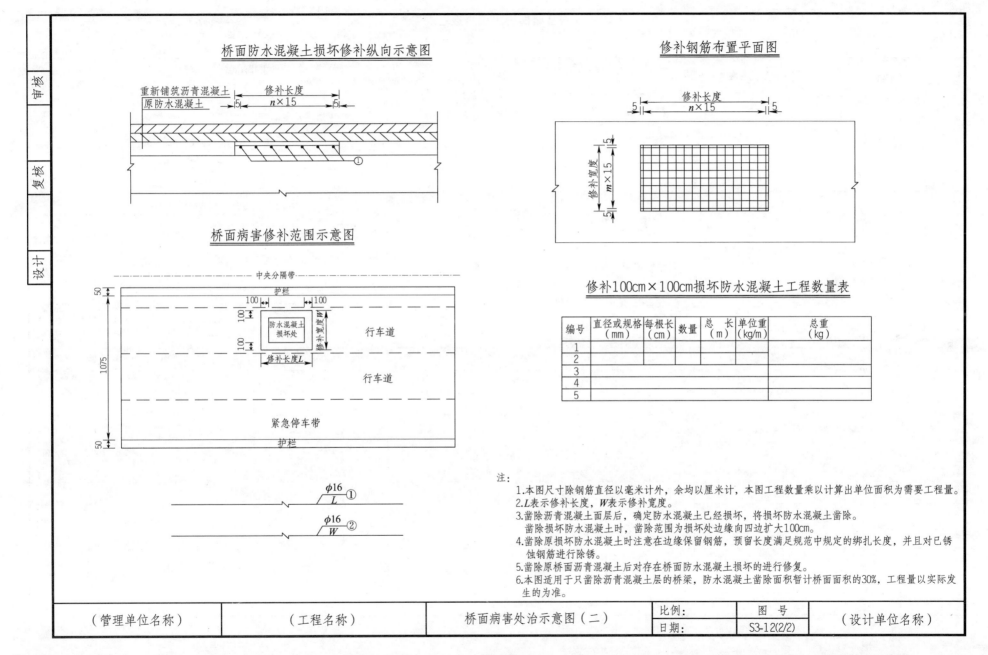

路基路面排水工程数量表

项目名称 S3-13(1/1)

序号	起讫桩号	路段长度	边沟类型	梯形边沟		……	盖板矩形边沟				……	泄水槽		……	地下排水管			……	……	备注
				开挖土方	夯实面积		开挖土方	C25现浇混凝土	钢筋			开挖土方	C20现浇混凝土		C15现浇混凝土	钢筋				
									$\phi 8mm$	$\phi 14mm$						$\phi 8mm$	$\phi 6mm$			
		m		m³	m²		m³	m³	kg	kg	m³	m³	m³		m³	kg	kg			
合计																				

编制：　　　　　　　　　　　　　　　　　　　　　　　　　　　　　　　　　　　　　　复核：

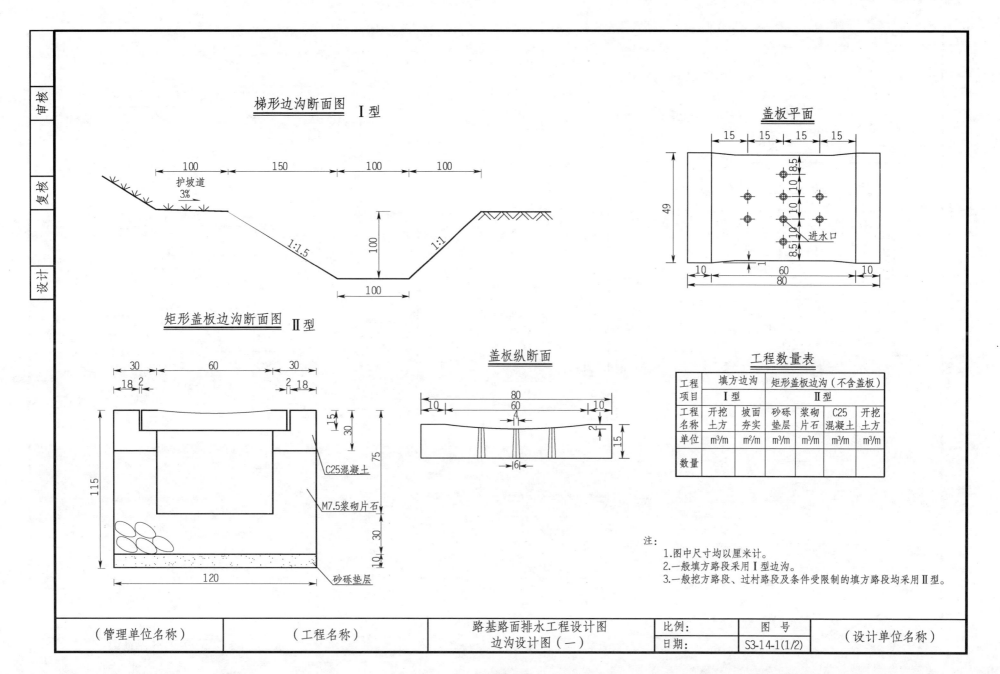

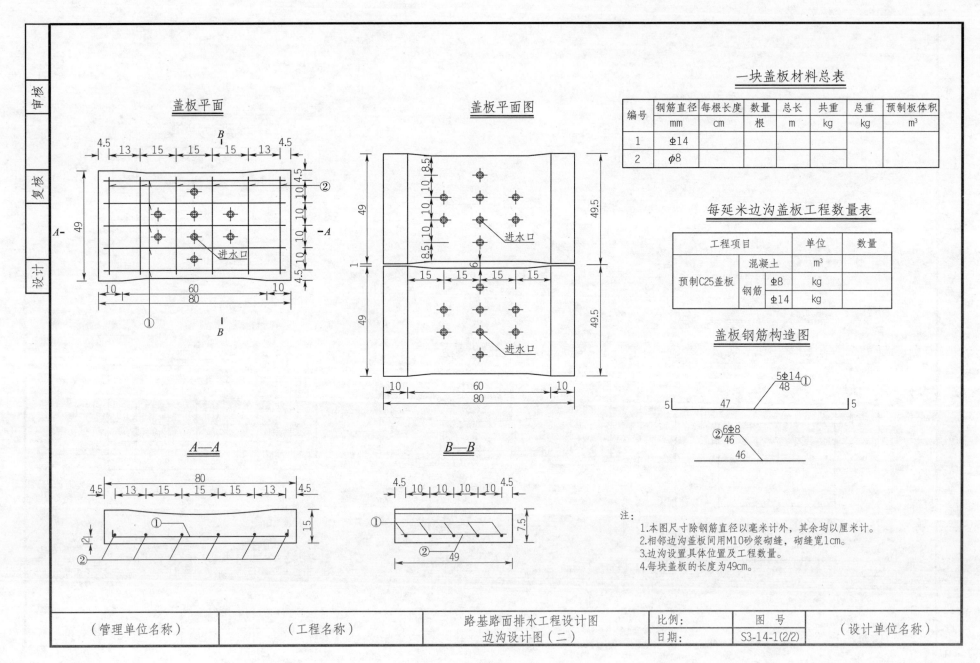

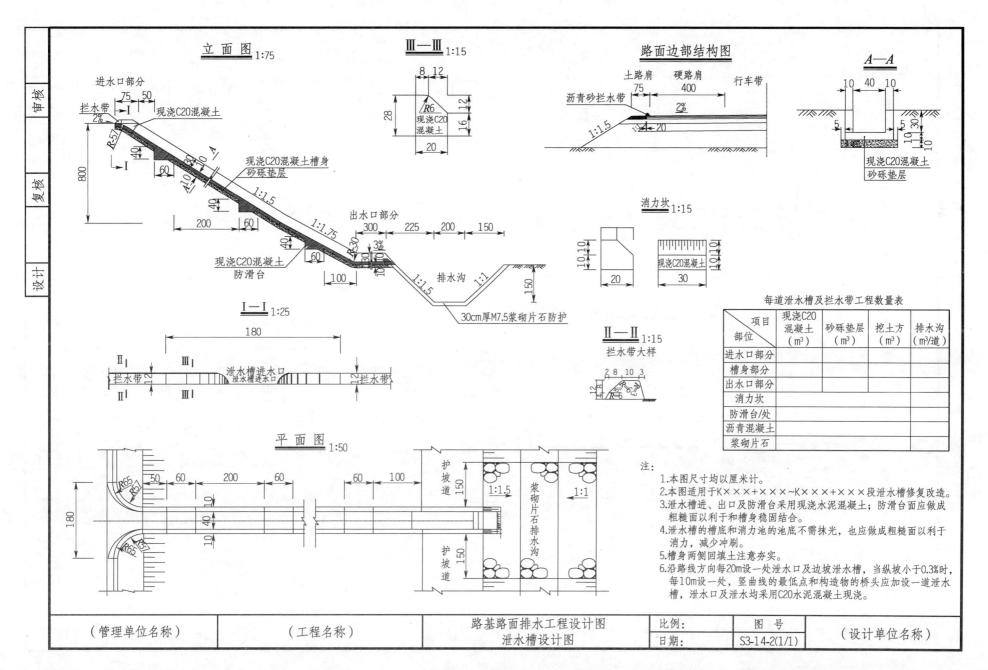

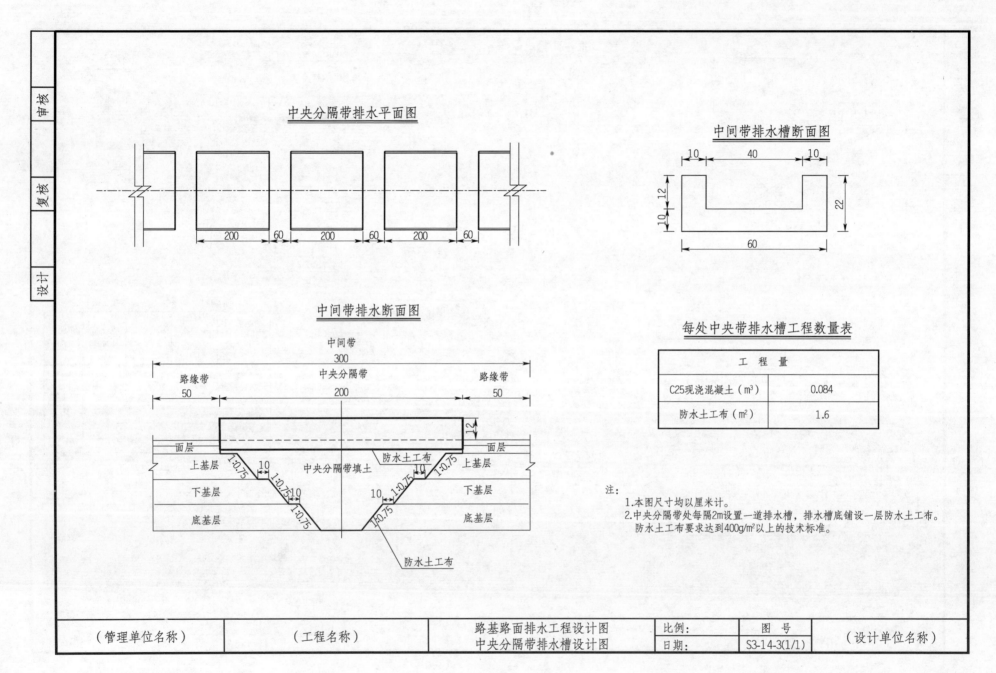

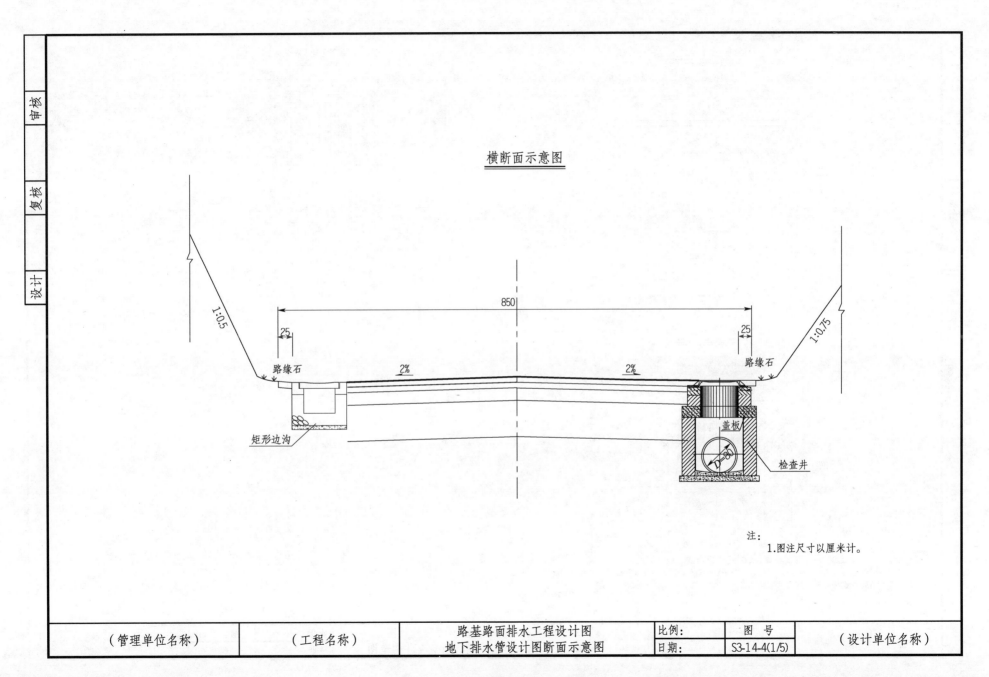

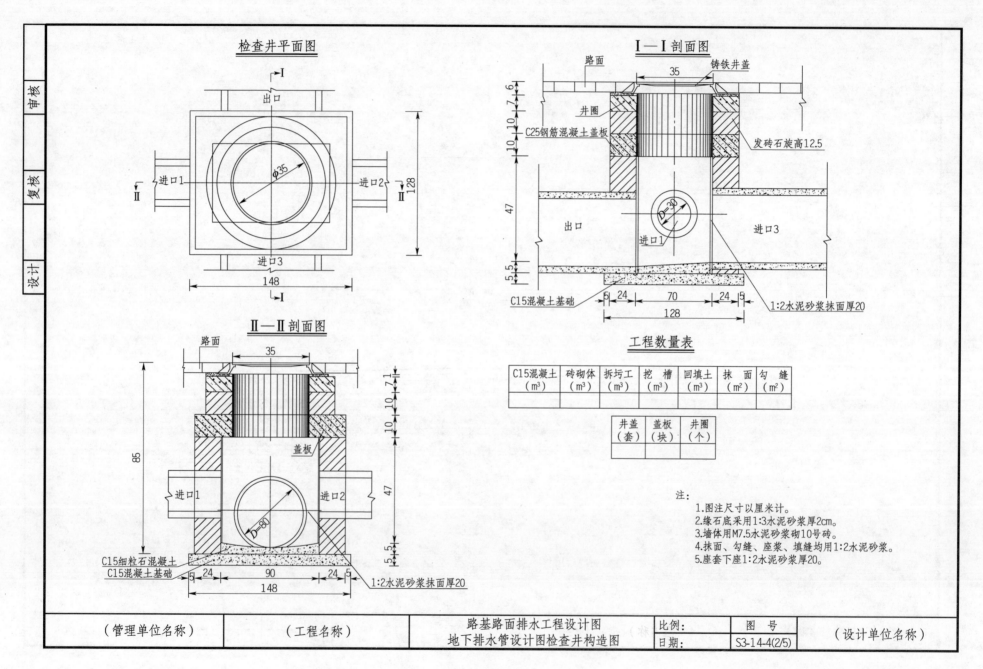

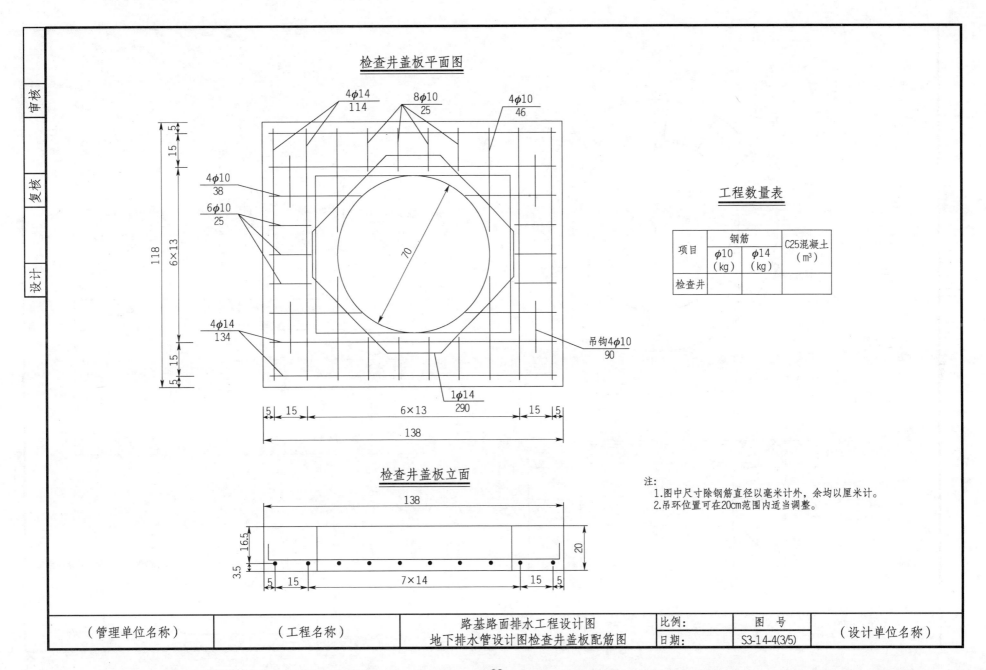

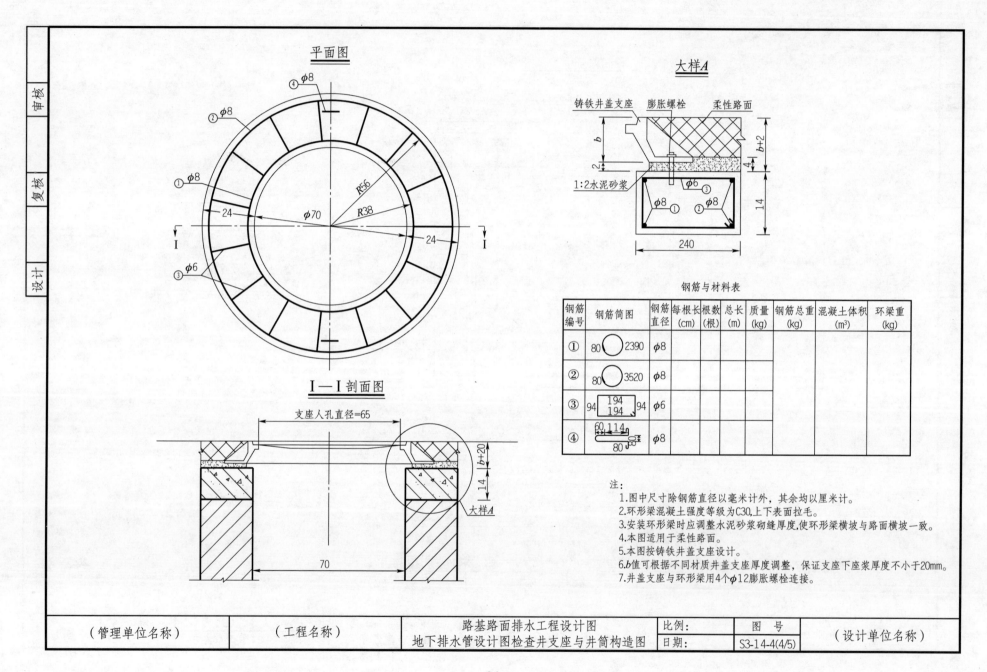

横断面

纵断面

每延米工程数量表

C30排水管 （m³）	C15混凝土基座 （m³）	挖槽 （m³）	回填 （m³）

注：
1. 图中尺寸除钢筋直径以毫米计外，其余均以厘米计。
2. 排水管按2m一节设计，施工中可根据需要调整。

路 基 防 护 工 程 数 量 表

项目名称 S3-15(1/1)

位置	起讫桩号	路线长度	平均填土高度	开挖土方	回填土方	格 网 防 护					挡 土 墙					备注
						M10 浆砌片石	C30 预制混凝土	HPB300 钢筋	……		C30 片石混凝土	C30 现浇混凝土	碎石反滤层	不透水土工布	……	
		m	m	m³	m³	m³	m³	kg			m³	m³	m³	m²		
	合计															

编制：　　　　　　　　　　　　　　　　　　　　　　复核：

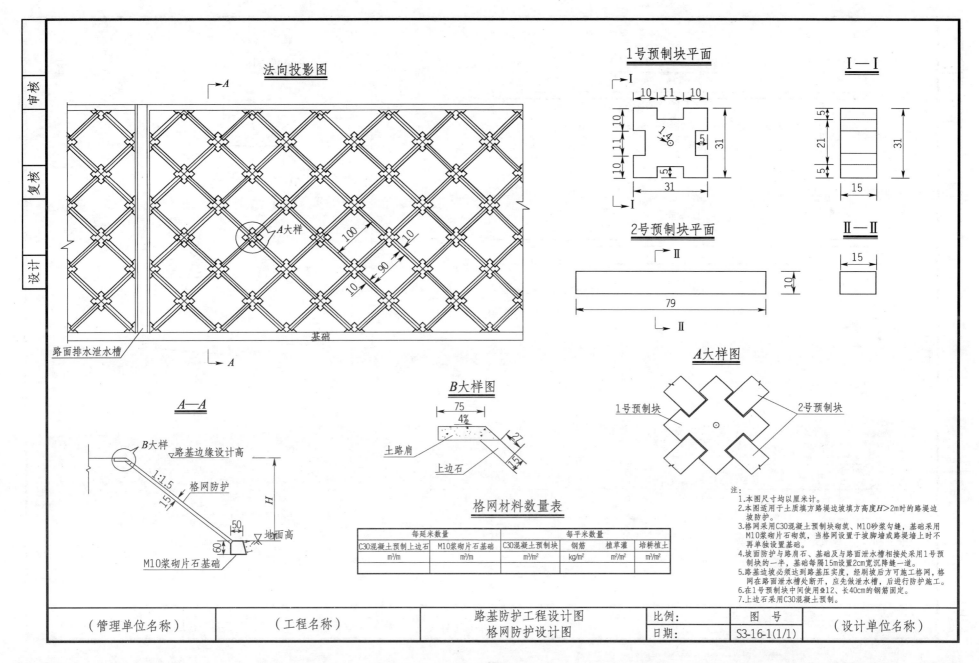

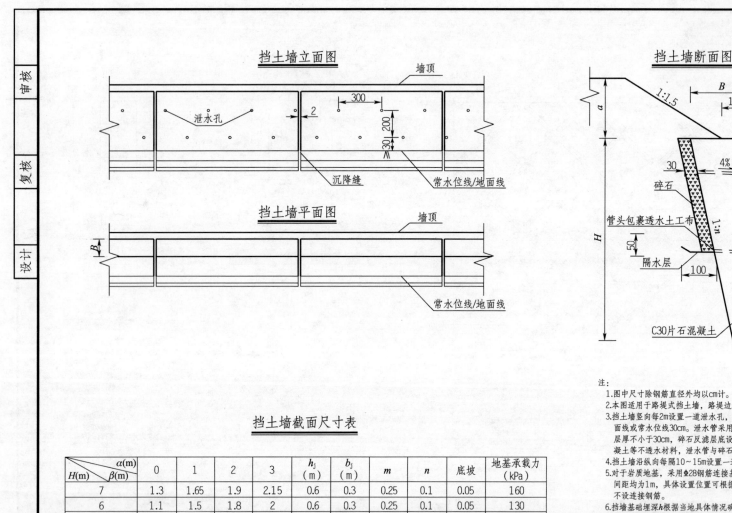

附 件

一、路面结构验算

进行结构性修复的工程应进行路面结构验算。

二、桥梁结构验算

对桥面进行加铺时应对桥梁结构进行验算。

三、路面材料配合比设计试验报告

略。

第四篇 交通工程及沿线设施

交通工程及沿线设施设计说明

一、工程概述

二、现状病害描述与原因分析

结合现场实际情况，分析各类安全设施是否达到设计年限，分析病害产生原因。列出典型病害照片。

三、更新改造设计方案

设计方案应明确各类安全设施的设置形式及设置原则。包括标志更新改造、标线更新改造、护栏更新改造、防眩设施更换、隔离栅更新改造、防落物网更换、增设限高门架等工程内容。

四、施工要点及施工注意事项

对施工流程及施工注意事项进行说明。采用新技术、新工艺的项目，需对相关内容进行详细说明。

五、材料性能及要求

材料性能及参数说明。采用新材料的项目，需对各项材料指标及验收标准进行详细说明。

交通工程及沿线设施工程数量汇总表

项目名称　　S4-2(1/1)

名　称	规格、型号(单位)					
主线路侧护栏	Gr－A－4E(m)	Gr－A－2E(m)	Gr－A－2B2(m)	拆除路侧钢护栏(m)	……	合计(m)
主线中央护栏	Gr－SBm－2E(m)	Gr－SBm－1B2(m)	拆除单柱双波护栏(m)	拆除构造物护栏(m)	……	合计(m)
匝道护栏	Gr－A－4E(m)	Gr－A－2E(m)	Gr－A－DT(个)	防撞桶(个)	……	合计(m)
	Grd－Am－2E(m)	拆除钢护栏(m)	……			合计(m)
轮廓标	柱帽式轮廓标(个)	柱式轮廓标(个)	反光膜(个)	拆除轮廓标(个)	……	合计(个)
标线	普通标线合计(m²)	振动标线合计(m²)	彩色标线(m²)	立面标记(m²)	……	合计(m²)
标志牌	拆除门架式标志板(块)	新增门架式标志板(块)	百米牌(个)	……		合计(块或个)
限高架	拆除××m限高架(个)	新增××m限高架(个)	……			合计(个)
其他	减速丘(m²)	凸面镜(个)	……			合计(m)

编制：　　　复核：

交通标志工程数量表

项目名称　　　S4-3-1(1/1)

类　型	更 换 方 案	规格 （mm）	数量 块	备注	类　型	更 换 方 案	规格 （mm）	数量 块	备注

　　　　　　　　　　　　　　　　　　　编制：　　　　　　　　　　　　　　　　　　　　　　　　　　复核：

交通标志材料数量汇总表

项目名称　　S4-3-2(1/1)

更换方案	类型	板面尺寸	标志数量	版面面积		每块板面重量		板面合计		每组立柱重量		立柱合计		每组基础		基础合计	
				单板面积	总面积	板面	附件	板面	附件	立柱	附件	立柱	附件	C25混凝土	钢筋	C25混凝土	钢筋
		m	块	m²	m²	kg	kg	kg	kg	kg	kg	kg	kg	m³	kg	m³	kg

编制：　　　　　　　　　　　　　　　　　　　　　　　　　　　　　　　　　　　　　　　复核：

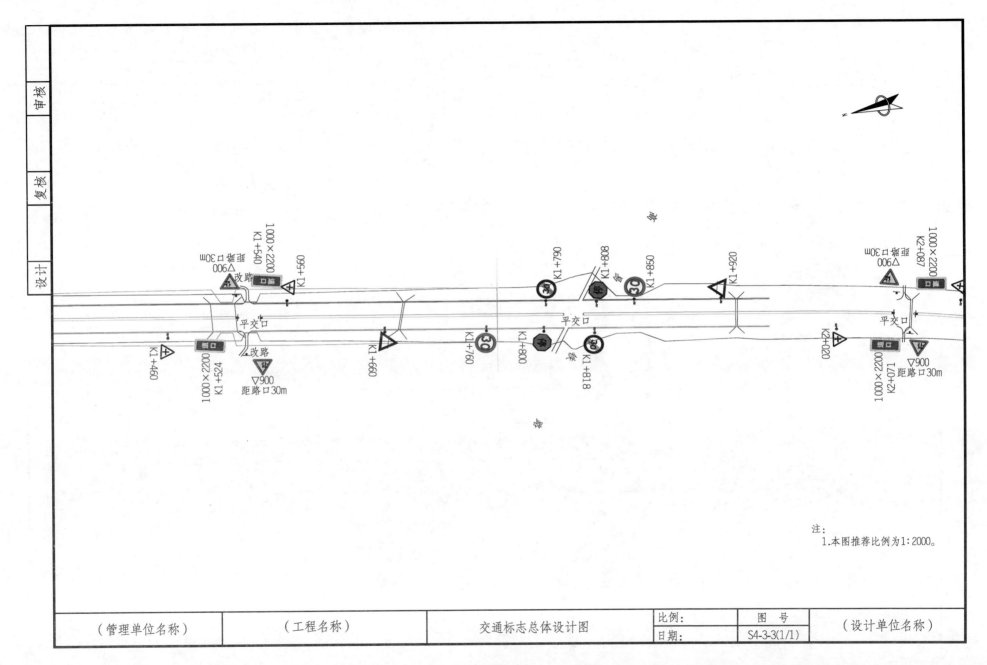

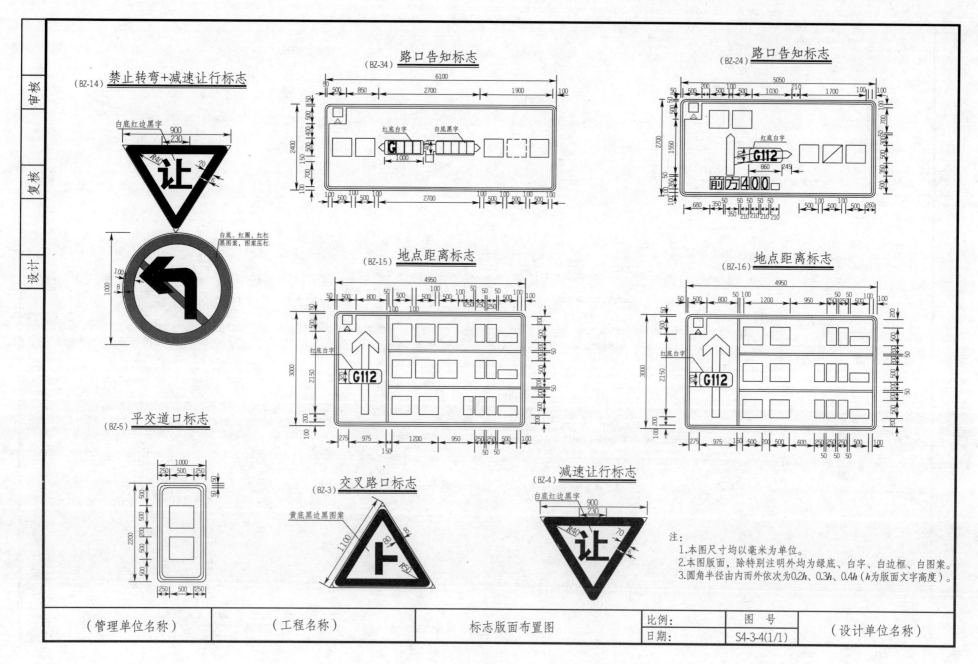

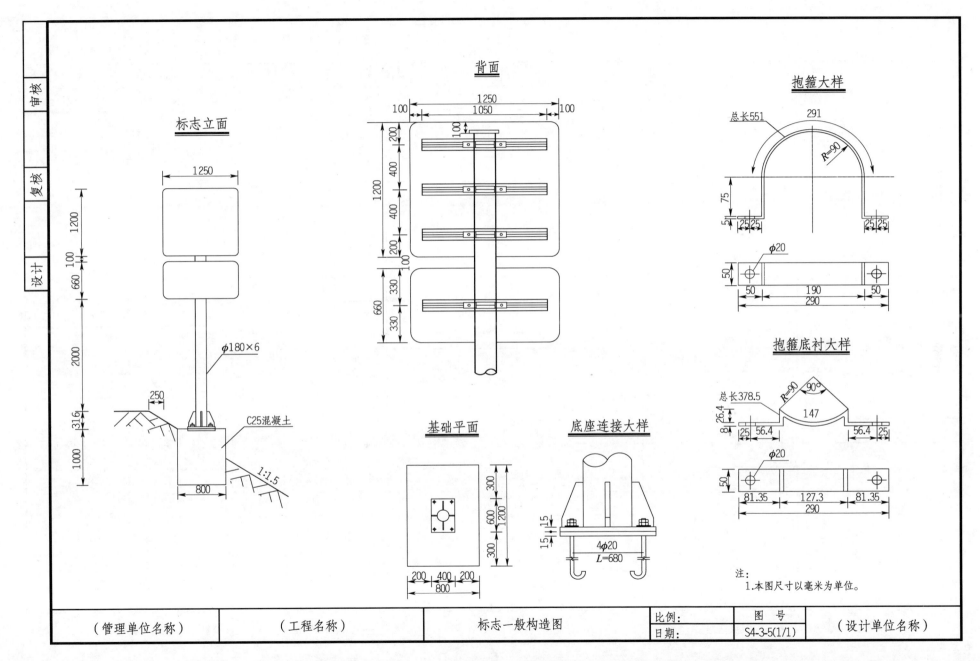

标线设置工程数量表

项目名称　　　S4-4-1(1/1)

起讫桩号	标线宽度	主　　线					隧道口、服务区、停车区、紧急停车带				导向箭头	路面文字	减速标线	减速振动标线	立面标记	
		实线		振动标线	虚线		斑马线	停车位	宽虚线	防滑标线					油漆	反光膜
		长度	数量	数量	长度	数量	数量	数量	数量	数量	数量	数量	数量	数量	数量	数量
	cm	m	m²	m²	m	m²	m²	m²	m²	m²	m²	m²	m²	m²	m²	m²

编制：　　复核：

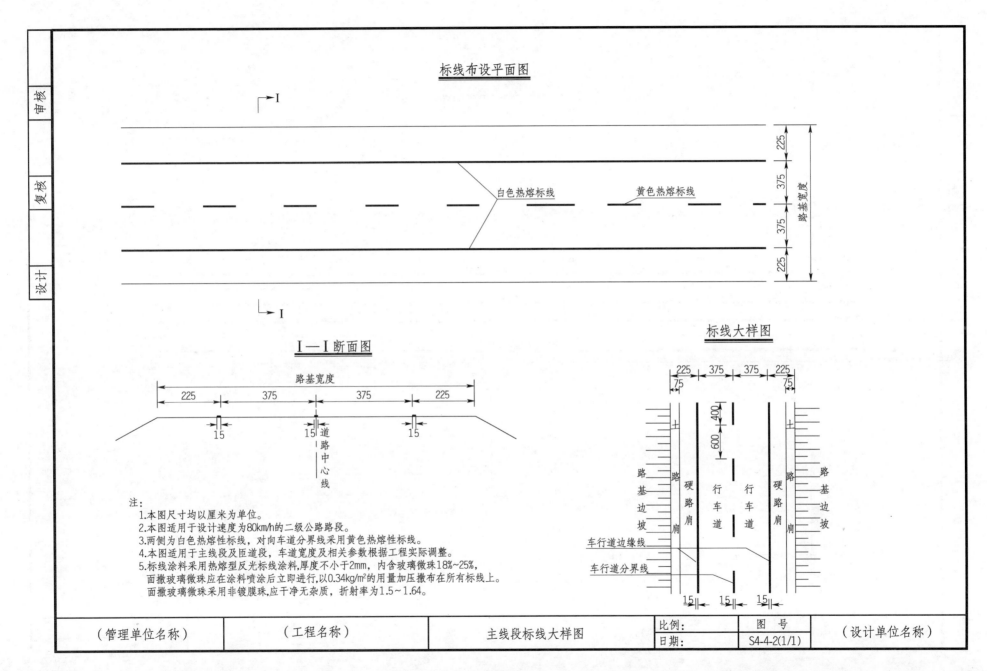

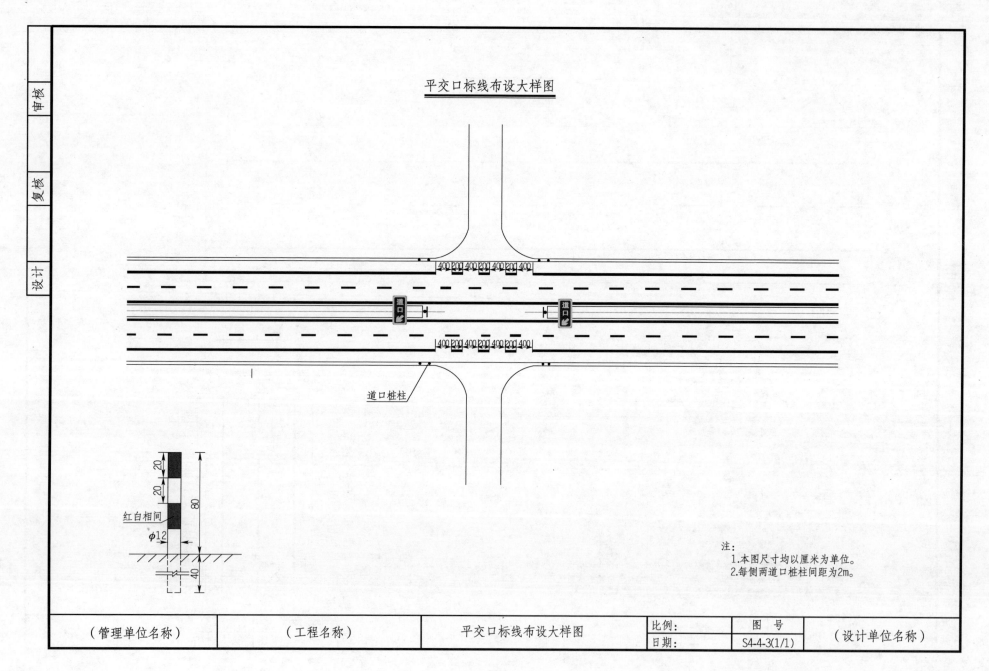

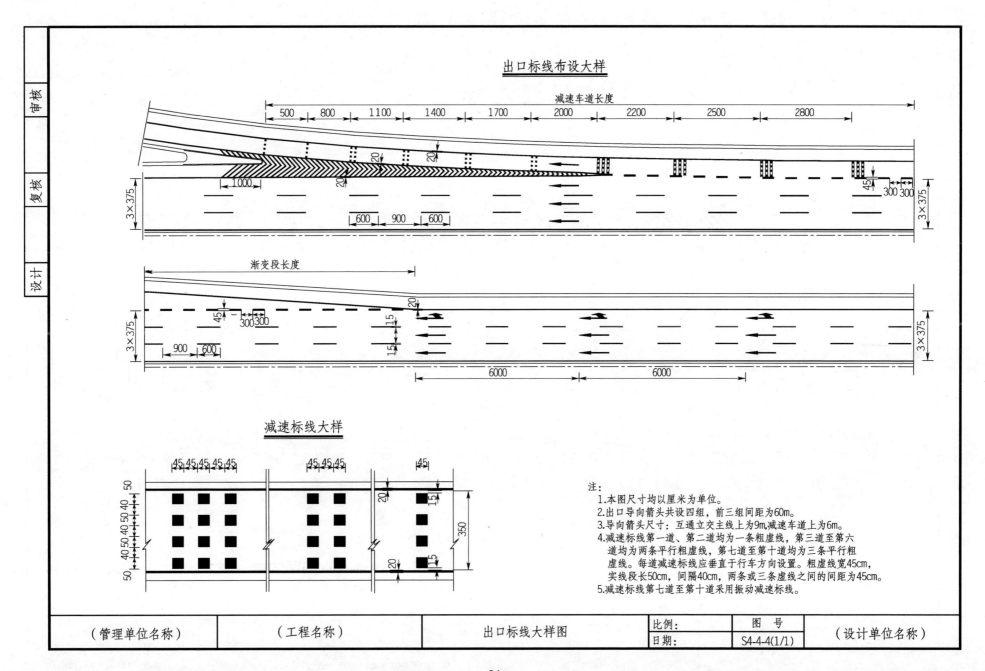

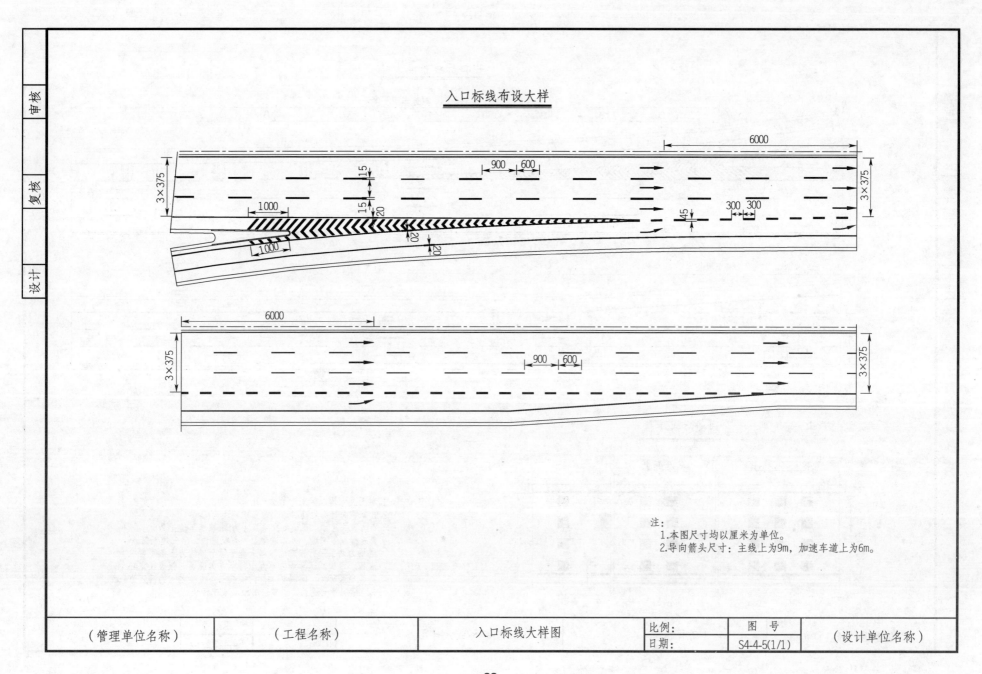

护栏设置一览表

项目名称　　　S4-5-1(1/1)

起讫桩号	代号	长度(m)									端头	备注
		填土路基或挖土方段				填石路基或挖石方段		桥涵段					
		A级普通段	A级加强段	SB级	SA级	A级普通段	A级加强段	A级无填方	A级低填方	SB级	SA级		
本侧小计													

编制：　　　　　　　　　　　　　　　　　　　　　　　　　　　　　　　　　　　　　　复核：

护栏工程材料数量汇总表

项目名称 S4-5-2(1/1)

序 号	构件名称	规 格	单件重 kg	数理 个	重 量 kg	备 注

编制: 复核:

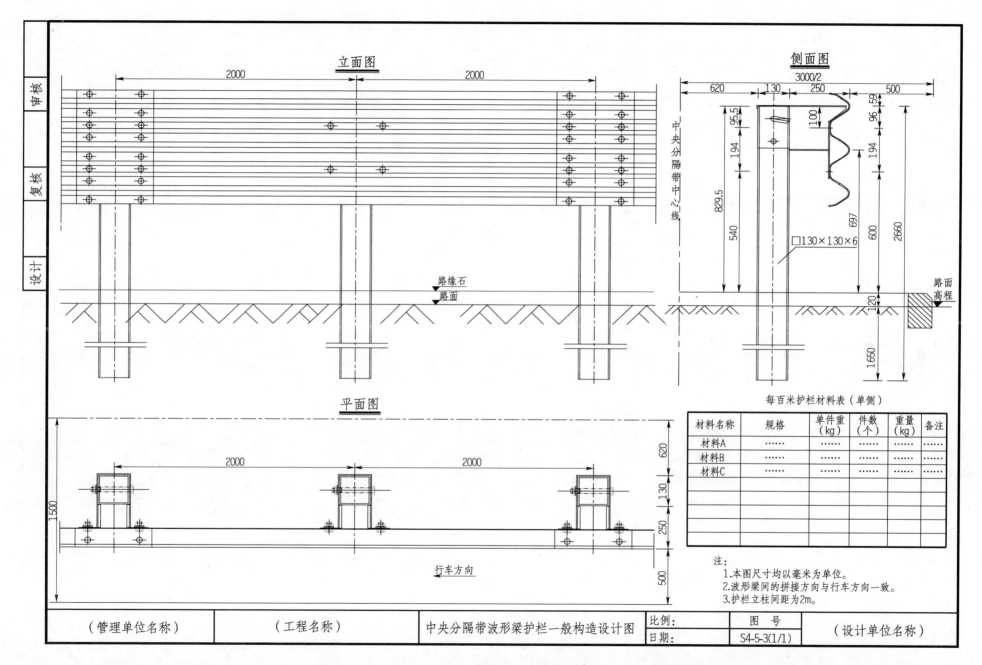

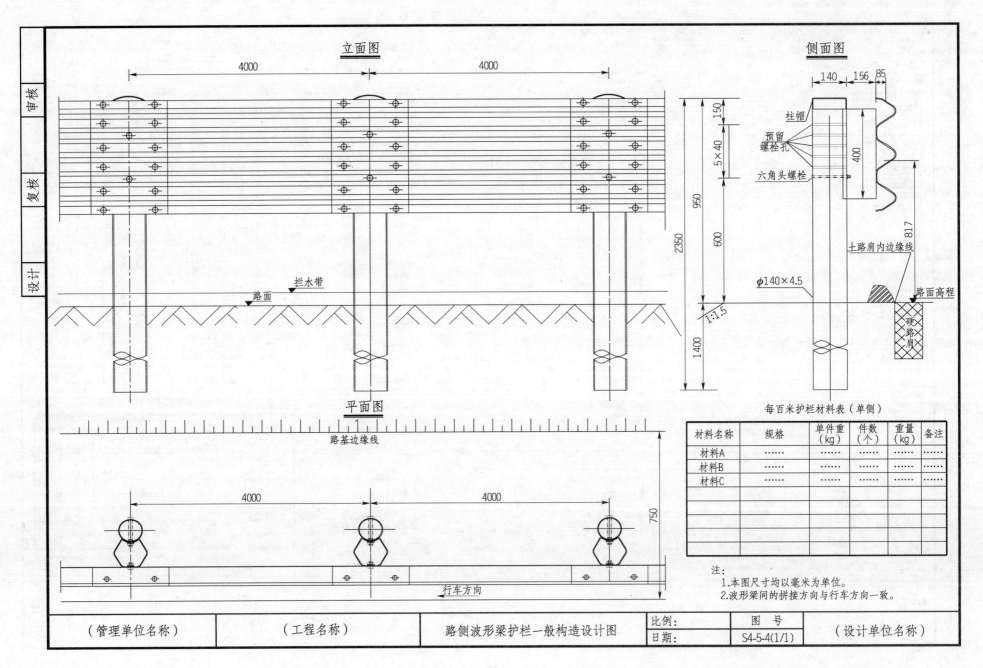

第五篇 筑路材料

筑路材料设计说明

1 概述

简述工程所在地及周围路网情况。

2 筑路材料质量、储量及采运条件

2.1 与筑路材料料场协商情况

介绍与筑路材料料场协商情况。

2.2 筑路材料质量、储量

对主要筑路材料质量、储量、产出位置等情况进行说明。

2.3 运输条件

对主要筑路材料的运输条件、运输方式、运输路线及运距进行说明。

2.4 预制厂、拌和场情况

对预制厂、拌和场建设或租赁情况进行说明。

3 旧路面材料利用、储运及相关资料

对旧路面材料利用、试验资料、储存方式、地点、运输条件等相关资料进行说明。

沿线筑路材料料场表

项目名称　　S5-2(1/1)

序号	料场编号	料场位置或名称	材料名称	上路桩号	支线运距 m	料场简介	储量	开采方式	运输方式	通往料场道路情况	备注

编制：　　　　　　　　　　　　　　　　　　　　　　　　　复核：

石料试验结果汇总表

项目名称   S5-3(1/1)

序号	料场名称	规格	石料压碎值 %	洛杉矶磨耗损失 %	表观相对密度	吸水率 %	与沥青黏附性	坚固性 %	针片状颗粒含量(%)			粒径<0.075mm 颗粒含量 %	软石含量 %	磨光值 BPN	备注
									混合料	>9.5mm	<9.5mm				

编制: 复核:

注:本表为石料的试验资料表,实际工程中还应包括砂、沥青、改性沥青、沥青混合料等。

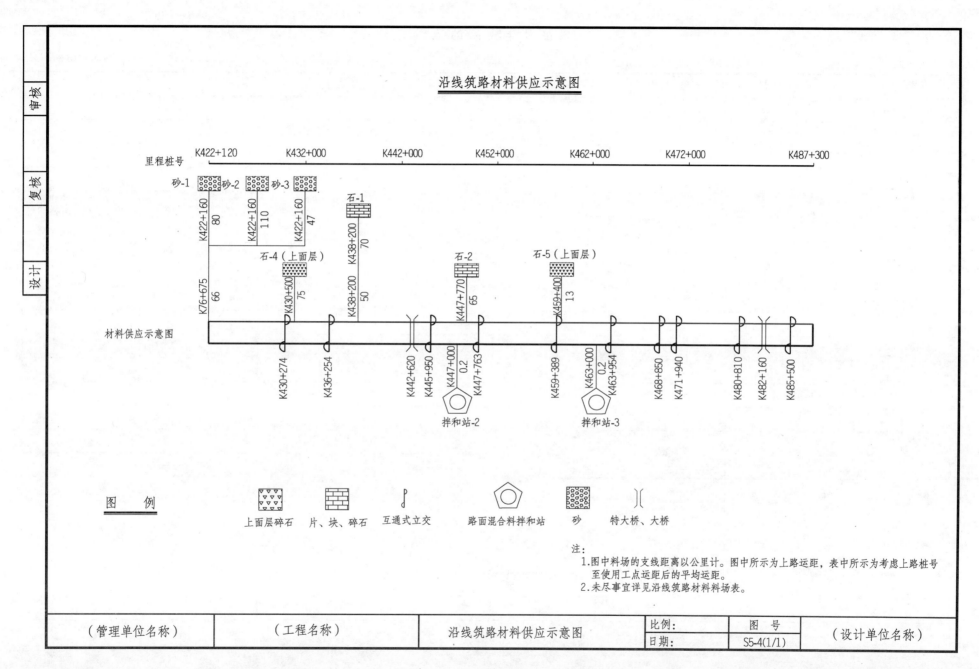

成品及半成品的运距

项目名称　　S5-5(1/1)

材料名称	抗滑石料	碎 石	砂、砂砾	沥 青	改性沥青	……	备 注
平均运距(m)							

编制：　　复核：

第六篇　施工组织计划

项目名称

施工组织计划设计说明

1 项目工程概况

项目位置、范围及主要建设条件说明。

2 施工期限总体安排

工程建设工期总体安排和编制原则。

3 主要工程及控制工期工程的施工方案

施工组织方案、施工期限，主要工程的施工方法、工期、进度及措施。

4 施工协调和分期实施有关问题的说明

(1) 主要材料供应

主要材料供应方案说明。

(2) 运输方案

主要材料运输方案说明。

(3) 临时工程安排

临时工程设置要求、原则及布局说明。

设计单位名称：

其他临时工程数量表

项目名称　　S6-2(1/1)

序号	工程项目名称	位置或桩号	工程说明	工程项目及数量					备注
				便桥	电力线	轻轨	场地平整	……	
				m/座	m	m	m²		
1	临时电力线架设	沿线							
2	项目部	沿线							
3	材料堆放场	沿线							
4	路面拌和站	沿线							
5	垃圾破碎机场区及垃圾堆放场	沿线							
6	……	……							
	合计								

编制：　　　　　　　　　　　　　　　　　　　　　　　　　　　　　　　　复核：

公路临时用地表

项目名称　　　　　　　　　　　　　　　　　　　　　　　　　　　　　　　　　　　　　　S6-3(1/1)

序号	工程名称	中心桩号	位　　置	长度 m	平均宽度 m	土地类别及数量(亩[❶])					备　注
						水田	旱地	林地	果园	……	
	合计										

编制：　　　　　　　　　　　　　　　　　　　　　　　　　　　　　　　复核：

注：[❶] 1亩 = 666.6m²。

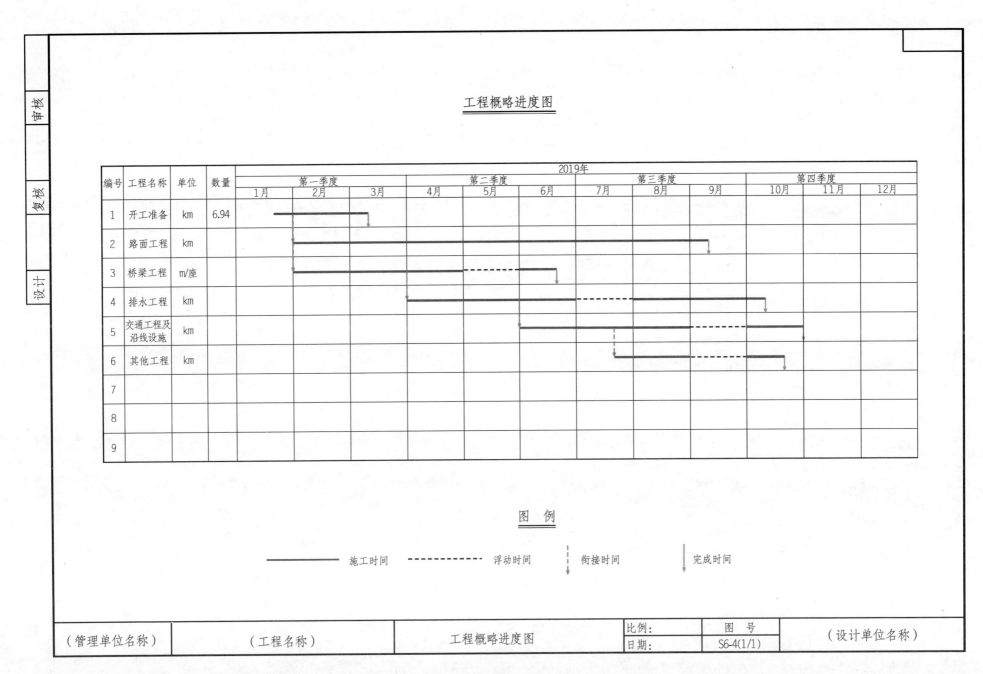

第七篇 交通组织设计

交通组织设计说明

1 项目概况

交通组织需改造范围、改造内容、各阶段工期安排等。

2 区域路网交通组织设计

2.1 路网状况分析

应对沿线路网可能分流路径的等级、路面结构、桥梁荷载、交通量、养护计划、收费站、收费标准、道路规划、重大活动等进行详细调研和整理,为制订路网分流方案提供基础资料。

2.2 分流方案

应对施工路段通行能力及服务水平进行分析,确定三级服务水平下所能服务的最大交通量,同时对路网交通量进行分析,评价路网能否容纳所需分流的交通量,再根据养护工程实施计划对交通组织的时段进行划分,确定路网分流路径和分流点的设置。对于大型工程的路网分流宜考虑三个层次,即诱导点、分流点、管制点。

3 路段交通组织设计

3.1 施工阶段划分

既有公路技术状况、养护方案、施工工期安排以及造价等综合因素,确定施工阶段划分。

3.2 交通组织方案

应根据互通区间、设计单元、构造物分布等确定路段总体保通方案,并结合养护设计方案,经过充分论证,确定作业区布置设计,包括作业区的布置方式,作业区的标志和标线、有源信号设施等。

4 交通组织应急预案及保障措施

应组成强有力的组织机构,完善交通组织管理体系。应针对各施工阶段的交通组织形式,制订详细、可操作的救援及预案工作。包括应急开口的管理及启动机制、救援车辆的配置、管理人员的配备等。

5 临时交通工程及沿线设施设计

临时交通标志、标线、水马等其他临时安全设施的设置形式、材料性能要求等。

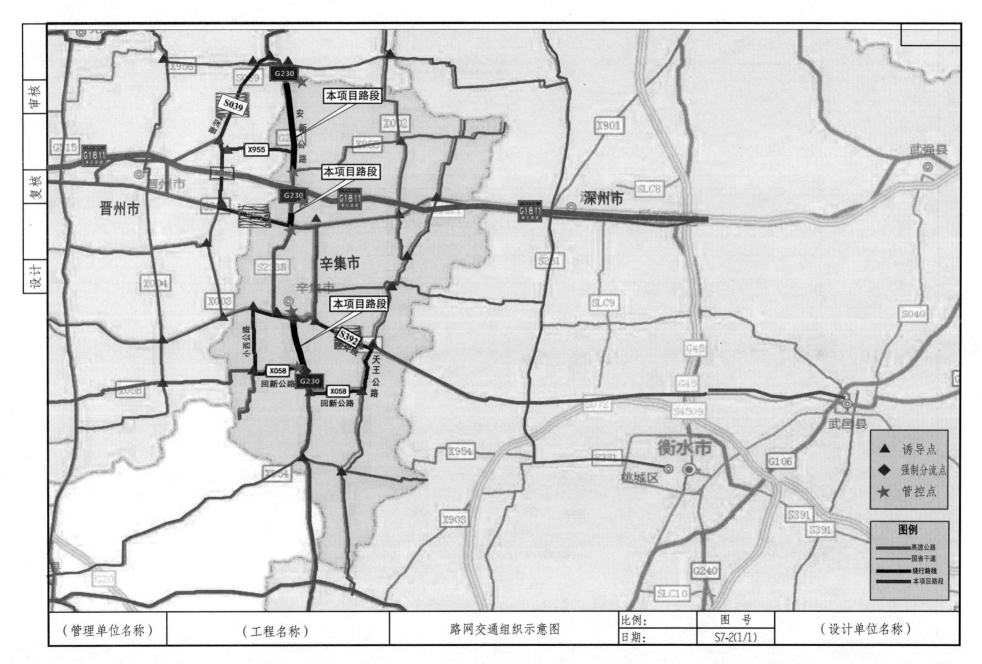

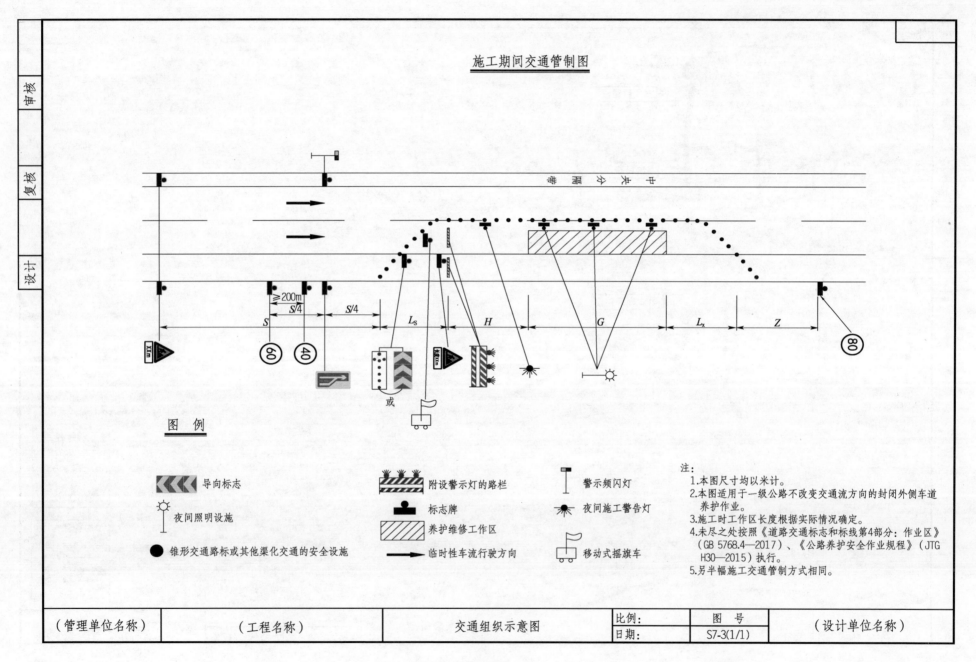

附 件

交管部门关于交通组织设计相关意见等。

第八篇 预算

工程名称	

预 算 说 明

1 项目概况

项目所在路段工程规模、建设标准、建设年代;项目总体改造方案,包括改造范围、改造内容等。

2 编制依据

现行规范、标准,项目相关设计文件、养护资料等。

3 有关单价及费用标准

费用组成及有关单价和取费标准。

4 施工图预算

工程总预算及主要组成。

5 施工图预算与上一阶段费用对比情况说明

施工图预算与上一阶段费用对比情况说明,简要分析两阶段费用差的原因。

设计单位名称： S8-1(1/1)

表 A.0.2-5　总预算表

建设项目名称：高速公路
编制范围：

共1页

分项编号	工程或费用名称	单 位	数 量	金额(元)	技术经济指标	各项费用比例(%)	备 注
1	第一部分　建筑安装工程费	公路公里					建设项目路线总长度(主线长度)
110	专项费用	元					
11001	施工场地建设费	元					
11002	安全生产费	元					
2	第二部分　土地征用及拆迁补偿费	公路公里					
3	第三部分　工程建设其他费	公路公里					
4	第四部分　预备费	公路公里					
401	基本预备费	元					
402	价差预备费	元					
5	第一至四部分合计	公路公里					
6	建设期贷款利息	公路公里					
7	公路基本造价	公路公里					

编制：　　　　　　　　　　　　　　　　　　　　　　　　　　　　　　　　　　　复核：

表 A.0.2-6　人工、主要材料、施工机械台班数量汇总表

建设项目名称:高速公路

编制范围：　　　　　　　　　　　　　　　　　　　　　　　　　　　　　　　　　共1页　　　02表

代号	规格名称	单位	单价(元)	总数量	分项统计								辅助生产	场外运输损耗	
														%	数量

编制：　　　　　　　　　　　　　　　　　　　　　　　　　　　　复核：

表 A.0.2-7 建筑安装工程费计算表

建设项目名称：高速公路

编制范围：

第1页共1页　　　　03表

序号	分项编号	工程名称	单位	工程量	定额直接费（元）	定额设备购置费（元）	直接费(元)			设备购置费（元）	措施费（元）	企业管理费（元）	规费（元）	利润（元） 费率（%） 7.42%	税金（元） 税率（%） 9.0%	金额合计(元)	
							人工费	材料费	施工机械使用费	合计							合计	单价
1	2	3	4	5	6	7	8	9	10	11	12	13	14	15	16	17	18	19
1		合计	公路公里															

编制：　　　　　　　　　　　　　　　　　　　　复核：

表 A.0.2-8 综合费率计算表

建设项目名称:高速公路
编制范围:

第1页共1页　　04表

| 序号 | 工程类别 | 措施费(%) | | | | | | | | | 综合费用 | | 企业管理费(%) | | | | | | 规费(%) | | | | | 综合费率 |
		冬季施工增加费	雨季施工增加费	夜间施工增加费	高原地区施工增加费	风沙地区施工增加费	沿海地区施工增加费	行车干扰施工增加费	施工辅助费	工地转移费	Ⅰ	Ⅱ	基本费用	主副食运费补贴	职工探亲路费	职工取暖补贴	财务费用	综合费用	养老保险费	失业保险费	医疗保险费	工伤保险费	住房公积金	
1	2	3	4	5	6	7	8	9	10	11	12	13	14	15	16	17	18	19	20	21	22	23	24	25
01	土方																							
02	石方																							
03	运输																							
04	路面																							
05	隧道																							
06	构造物Ⅰ																							
06-1	构造物Ⅰ(绿化)																							
07	构造物Ⅱ																							
08	构造物Ⅲ(一般)																							
08-1	构造物Ⅲ(室内)																							
08-2	构造物Ⅲ(桥梁)																							
08-3	构造物Ⅲ(设备安装)																							
09	技术复杂大桥																							
10	钢材及钢结构(一般)																							
10-1	钢材及钢结构(桥梁)																							
10-2	钢材及钢结构(金属标志牌等)																							

编制:　　　　　　　　　　　　　　　　　　　　　　　　　　　　　　　　　复核:

表 A.0.2-9 综合费计算表

建设项目名称:高速公路

编制范围：

第1页共1页　　04-1表

序号	工程类别	措施费(元)									综合费用		企业管理费(元)						规费(元)					综合费用
		冬季施工增加费	雨季施工增加费	夜间施工增加费	高原地区施工增加费	风沙地区施工增加费	沿海地区施工增加费	行车干扰施工增加费	施工辅助费	工地转移费	Ⅰ	Ⅱ	基本费用	主副食运费补贴	职工探亲路费	职工取暖补贴	财务费用	综合费用	养老保险费	失业保险费	医疗保险费	工伤保险费	住房公积金	
1	2	3	4	5	6	7	8	9	10	11	12	13	14	15	16	17	18	19	20	21	22	23	24	25
1	合计：																							

编制：　　　　　　　　　　　　　　　　　　　　　　　　　　　　　　　　　　复核：

表 A.0.2-11 专项费用计算表

建设项目名称：高速公路

编制范围：　　　　　　　　　　　　　　　　　　　　　　　　　　　　　　　第1页共1页　　　06表

序号	工程或费用名称	说明及计算式	金额(元)	备注

编制：　　　　　　　　　　　　　　　　　　　　　　　　　　　　　复核：

表 A.0.2-13　工程建设其他费计算表

建设项目名称：高速公路
编制范围：
第 1 页共 1 页　　08 表

序号	费用名称及项目	说明及计算式	金额(元)	备注

编制：　　　　　　　　　　　　　　　　　复核：

表 A.0.2-14 人工、材料、施工机械台班单价汇总表

建设项目名称:高速公路

编制范围：

第 1 页共 1 页　　09 表

序号	名　称	单位	代号	预算单价（元）	备　注
1	定额基价	元	1999	1.00	

编制：　　　　　　　　　　　　　　　　　　　　　　　　　　　复核：

表 A.0.3-3 材料预算单价计算表

建设项目名称：高速公路
编制范围：

第1页共1页　　22表

| 代号 | 规格名称 | 单位 | 原价(元) | 运杂费 ||||| 原价运费合计(元) | 场外运输损耗 || 采购及保管费 || 预算单价(元) |
				供应地点	运输方式、比重及运距(km)	毛质量系数或单位毛质量	运杂费构成说明或计算式	单位运费(元)		费率(%)	金额(元)	费率(%)	金额(元)	

编制：　　　　　　　　　　　　　　　　　　　　复核：

表 A.0.3-6　施工机械台班单价计算表

建设项目名称:高速公路
编制范围:　　　　　　　　　　　　　　　　　　　　　　　　　　　　　　　　　　第1页共1页　　24表

序号	代号	机械名称	台班单价(元)	不变费用(元) 调整系数：1.0		可变费用(元)														车船税	合计
						机械工 － －元/工日		重油 － －元/kg		汽油 － －元/kg		柴油 － －元/kg		煤 － －元/t		电 － －元/kW·h		水 － －元/m³		木柴 － －元/kg		
				定额	调整值	定额	费用	定额	费用	定额	费用	定额	费用	定额	费用	定额	费用	定额	费用	定额	费用		

编制：　　复核：

参考文献

[1] 中华人民共和国行业标准.公路工程技术标准:JTG B01—2014[S].北京:人民交通出版社股份有限公司,2014.
[2] 中华人民共和国行业标准.公路沥青路面设计规范:JTG D50—2017[S].北京:人民交通出版社股份有限公司,2017.
[3] 中华人民共和国行业标准.公路沥青路面施工技术规范:JTG F40—2004[S].北京:人民交通出版社,2004.
[4] 中华人民共和国行业标准.公路养护技术规范:JTG H10—2009[S].北京:人民交通出版社,2009.
[5] 中华人民共和国行业标准.公路沥青路面养护设计规范:JTJ 5421—2018[S].北京:人民交通出版社股份有限公司,2018.
[6] 中华人民共和国行业标准.公路沥青路面养护技术规范:JTG 073.2—2001[S].北京:人民交通出版社,2001.
[7] 中华人民共和国行业标准.公路技术状况评定标准:JTG 5210—2018[S].北京:人民交通出版社股份有限公司,2018.
[8] 中华人民共和国行业标准.公路养护安全作业规程:JTG H30—2015[S].北京:人民交通出版社股份有限公司,2015.
[9] 中华人民共和国行业标准.公路工程建设项目概算预算编制办法:JTG 3830—2018[S].北京:人民交通出版社股份有限公司,2018.
[10] 中华人民共和国行业推荐性标准.公路工程预算定额:JTG/T 3832—2018[S].北京:人民交通出版社股份有限公司,2018.
[11] 河北锐驰交通工程咨询有限公司.河北省高速公路养护工程设计技术指南[M].北京:人民交通出版社股份有限公司,2017.
[12] 河北锐驰交通工程咨询有限公司.河北省高速公路养护专项工程设计文件编制技术及图表示例[M].北京:人民交通出版社股份有限公司,2018.
[13] 河北锐驰交通工程咨询有限公司.河北省高速公路沥青路面养护工程设计通用图册[M].北京:人民交通出版社股份有限公司,2017.
[14] 王子鹏,赵宝平,贾梓,等.高速公路沥青路面病害特征识别图册[M].北京:人民交通出版社股份有限公司,2017.